Inga Blundell & Yvonne Hissel
Feministiken

Inga Blundell
ist promovierte Mathematikerin und Softwareentwicklerin. Die Freizeit verbringt sie mit Sport und dem mühsamen Überzeugen ihrer Umwelt von der angemessenen Sichtweise auf die Welt – am liebsten mihilfe von Zahlen. Inga Blundell lebt in Bonn.

Yvonne Hissel
ist ausgebildete fachpolitische Redakteurin für Gleichstellung und Frauengesundheit – und hat damit ihre schon früh entdeckte Leidenschaft für feministische Themen zu ihrem Beruf gemacht. Zusammen mit ihrem Partner und ihrer Tochter lebt sie in Köln.

Inga Blundell & Yvonne Hissel

Feministiken

Die Wahrheit über Gleichberechtigung

dtv

Inhalt

Einleitung

Das Schöne an Zahlen ist, dass sie eine objektive Diskussionsgrundlage bieten. Sie stärken jedes Argument, unterfüttern Aussagen mit Sachlichkeit und ersetzen vage Gefühle durch nachgewiesene Fakten. Am Beginn der Idee für die *Feministiken* stand unsere Beobachtung, dass es in feministischen Diskussionen oft an Zahlen fehlt. Wer schon einmal über Gleichberechtigung und Feminismus diskutiert hat, weiß, dass diese Gespräche meistens auf einer sehr subjektiven Ebene geführt werden. Da heißt es gerne: »Aber ich kenne Herr und Frau Müller und bei denen ist das ja ganz anders«, oder »Frau Müller ist doch Abteilungsleiterin, also können Frauen gar nicht so benachteiligt sein«, oder »Aber Herr Müller wird von seiner Frau geschlagen, was redest du da von struktureller Gewalt gegen Frauen?«. Wir haben uns daher immer gewünscht, ein Buch zur Hand zu haben, aus dem man Zahlen entnehmen kann, die repräsentative Aussagen über den Stand der Gleichberechtigung treffen – jenseits des individuellen Einzelfalls. Denn die Einschätzung, wie gleichberechtigt Frauen und Männer heute leben, hängt sehr stark vom Erleben jedes:jeder Einzelnen ab. Zwar erlebt jede dritte Frau sexuelle Belästigung, aber natürlich nicht jede. Zwar erhalten Frauen im Durchschnitt 18 Prozent weniger Lohn, aber manche Frauen bekommen auch genau das gleiche Gehalt wie ihre Kollegen. Praktisch jede Statistik umfasst auch Beispiele

Nicht-Betroffener. Und die haben vielleicht das subjektive Gefühl, dass es für Frauen an diesem einen Punkt, an dem sie selbst keine Nachteile erfahren haben, eigentlich aktuell ganz entspannt läuft.
Wir wachsen heute in Deutschland in dem Verständnis auf, dass Männer und Frauen gleichberechtigt sind und dass sich besonders im Gegensatz zur Generation unserer Mütter oder Großmütter viel zum Guten verändert hat. Schließlich haben beide Geschlechter das Wahlrecht, Frauen können studieren gehen, Männer nehmen jetzt auch Elternzeit und mit Angela Merkel war 16 Jahre lang eine Frau Bundeskanzlerin! Das sind zugegebenermaßen fantastische Errungenschaften, von denen Frauen vor rund 100 Jahren kaum zu träumen gewagt hätten. Aber sie scheinen über viele immer noch bestehende Unterschiede hinwegzutäuschen. Frauen können zwar Bundeskanzlerin werden, sind aber immer noch mit lediglich 35 Prozent im Bundestag vertreten. Frauen machen zwar die besseren Studienabschlüsse, sind aber trotzdem seltener in Führungspositionen. Frauen dürfen zwar alle Berufe der Welt ergreifen, übernehmen aber stattdessen immer noch den Großteil der Hausarbeit und Kinderbetreuung. Frauen sind zwar rechtlich unabhängig und frei, werden aber immer wieder Opfer von männlichen Besitzansprüchen und Gewalttaten. Diese Schieflage wird besonders sichtbar, wenn man geschlechterdifferenzierte Statistiken zu den jeweiligen Themen betrachtet. Es zeigt sich dann schnell, dass Frauen in vielen Lebensbereichen immer noch unterrepräsentiert sind und Benachteiligung erfahren. Sei es im Berufsleben, in der Medizin, in Politik und Medien oder sogar in ihrer Beziehung. Die Daten dazu sind so zahlreich, dass es offensichtlich sogar möglich ist, ein ganzes Buch damit zu füllen – und damit den aktuellen Stand der Gleichberechtigung in Deutschland abzubilden. Die Zahlen und Statistiken, die wir in diesem Buch zusammengetragen haben, sind nicht älter als zehn Jahre und befassen sich auf den meisten Seiten mit deutschen Daten. In manchen Fällen, wie im Bereich Film und Musik, werden internationale Daten genutzt, da nur wenige Menschen ausschließlich deutsche Filme oder Musik konsumieren. Zur Orientierung steht bei nicht-deutschen Zahlen die Herkunft der Daten in der Kopfzeile der Seite.
Aufgrund der Studienlage haben wir uns bei den verwendeten Zahlen an einer binären Interpretation der Geschlechter orientiert. Die meisten Studien konzentrieren sich ausschließlich auf Männer und Frauen bei ihren Untersuchungen. Nur wenige geben auch Zahlen zu nicht-binären Geschlechteridentitäten an oder betrachten zusätzlich andere Kategorien wie beispielsweise die Hautfarbe. Auch Abbildungen zu finden, die Menschen zeigen, die nicht weiß und schlank sind und keinen Geschlechterstereotypen entsprechen, war nicht immer leicht. Die Repräsentation von BIPoC und Menschen der LGBTQI+-Community in den *Feministiken* fällt deshalb geringer aus, als wir es uns gewünscht hätten. Ohne jedoch auf die vorhandenen Zahlen zurückzugreifen, wäre es

nicht möglich gewesen zu zeigen, dass die Unterschiede zwischen den Geschlechtern in Abhängigkeit von den gegebenen gesellschaftlichen Strukturen zustande kommen. Dazu müssen teilweise auch Geschlechterklischees aufgezeigt werden, die im Kontext der übrigen Zahlen als solche entlarvt werden. Mit einer Statistik, die abbildet, dass Frauen dreimal so viel Zeit am Herd verbringen wie Männer, zeigen wir also nicht, dass Frauen gerne kochen, weil sie eben Frauen sind. Vielmehr zeigen wir die strukturellen Aspekte hinter dieser Statistik: Dass Frauen nämlich immer noch den Großteil der Arbeit im Haushalt übernehmen, obwohl sie diese Zeit dringend brauchen könnten, um ihre spätere Rente aufzubessern.

Strukturelle Unterschiede zwischen den Geschlechtern treten in vielen gesellschaftlichen Bereichen zutage. Wir hätten wahrscheinlich auch ein zweites und auch ein drittes Buch mit Statistiken darüber füllen können. Ohne einen Anspruch auf Vollständigkeit zu erheben, haben wir uns auf die Themen konzentriert, die uns einerseits am drängendsten erschienen und andererseits mit guten und repräsentativen Studien belegt werden können.

Natürlich enthalten die dargestellten Statistiken Durchschnittswerte, die wenig über den oder die Einzelne aussagen und einem ständigen Wandel unterliegen. Auch wenn es, statistisch betrachtet, seltener vorkommt: Es gibt auch Frauen, die jeden Tag Fleisch essen, ein Krankenhaus leiten oder als rasante Fahrerin bei einem Autounfall sterben. Genauso gibt es Männer, die als Pfleger in Teilzeit arbeiten und sich zu Hause um Haushalt und Kinder kümmern. Leider werden diese Menschen in den Statistiken nicht sichtbar. Deutlich werden dagegen vorhandene Stereotype. Trotzdem ist es nicht unser Ziel, diese Stereotype zu bestätigen oder gar zu verstärken. Vielmehr wollen wir mit der Darstellung von Statistiken einen Beitrag dazu leisten, dass diese Stereotype leichter durchbrochen werden können. In einer Gesellschaft, in der Männer und Frauen wirklich gleichgestellt sind, müssten die allermeisten geschlechterbezogenen Statistiken nämlich ausgeglichen sein. Frauen und Männer müssten am Ende ihres Lebens ähnlich viel Rente beziehen, würden Lohnarbeit und Betreuungsarbeit gleichermaßen aufteilen, wären ähnlich häufig von Gewalt betroffen und würden gesellschaftliche Lebensbereiche wie Kultur, Politik und Sport zu gleichen Teilen gestalten.

Solange das noch nicht der Fall ist, sind die *Feministiken* dazu da, einen Überblick über alle aktuellen Baustellen der Gleichberechtigung zu geben. Vielleicht fühlt sich der eine oder die andere dazu inspiriert, auf dieser Grundlage politische Forderungen zu stellen oder einfach gestärkt in die nächste Diskussion über Gleichberechtigung zu gehen. Denn so viel dürfte allen Leser:innen am Ende ihrer Lektüre klar sein: In Sachen Gleichberechtigung gibt es immer noch verdammt viel zu tun und wir sollten gleich heute damit anfangen, das laut auszusprechen.

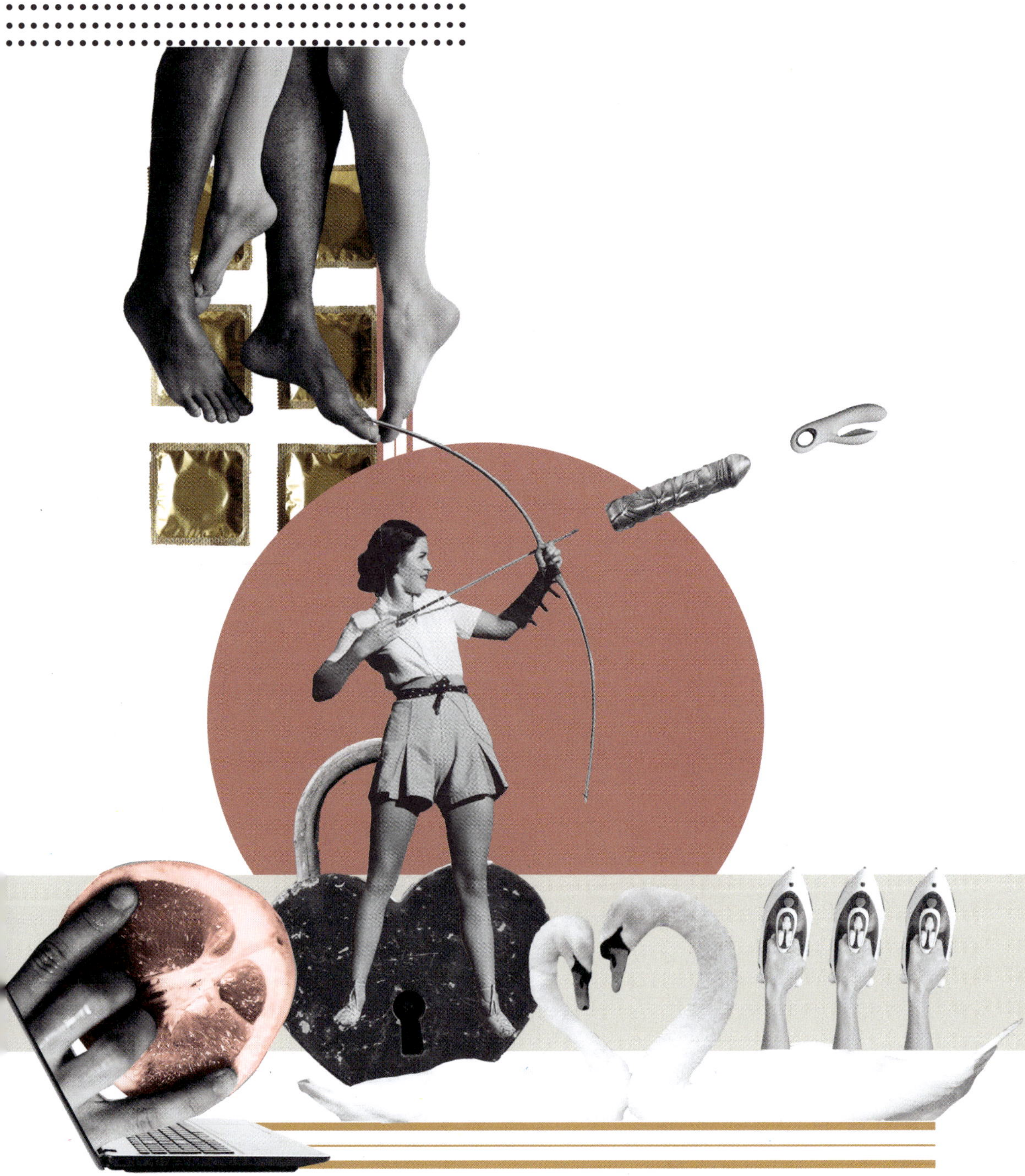

1

Beziehung & Vereinbarkeit

D*as Private ist politisch.* So lautet der berühmte Slogan der Feministinnen aus den 1970er-Jahren. Damals klang das selbstbewusst, fordernd. Die Erkenntnis, dass die von Frauen in der Familie und in ihren Liebesbeziehungen erfahrene Unterdrückung eine politische Dimension hat, war bis dahin noch nie so eindrücklich formuliert worden. Themen wie Abtreibung, Gewalt in der Partnerschaft oder sexuelle Belästigung wurden erstmals öffentlich gemacht, mit dem Ziel, Missstände sichtbar zu machen und zu beseitigen. Gleichzeitig war der Satz ein Appell an die Politik, Weichen zu stellen, damit Frauen auch im Privaten gleichberechtigt leben können. Heute – gut 50 Jahre später – hat sich für Frauen vieles zum Besseren verändert. Es ist zum Glück nicht mehr dem Ehemann überlassen, ob eine Frau arbeiten darf und Gewalt in der Partnerschaft kann strafrechtlich verfolgt werden. Und trotzdem ist der Satz *Das Private ist politisch* aktueller und feministischer denn je. Denn scheinbar persönliche Entscheidungen wie die Aufteilung von Erwerbsarbeit, Kinderbetreuung und Haushaltsführung werden

innerhalb von politischen und gesellschaftlichen Strukturen getroffen – und bringen Frauen wesentlich häufiger als Männer in Armut oder Abhängigkeitsverhältnisse.
Die Basis für die Ungleichheit zwischen den Geschlechtern ist oft eine stereotype Rollenverteilung. Frauen sind in Beziehungen meist immer noch die Hauptverantwortlichen für familiäre Belange und Haushaltsfragen. Sie werden auf Elternsprechtagen erwartet, tummeln sich in Krabbelgruppen und werden schief angeguckt, wenn Kinder oder Küche »schmuddelig« sind. Sie übernehmen auch den Löwenanteil der Elternzeit nach der Geburt eines Kindes und arbeiten anschließend eher in Teilzeit weiter.
Der Mann dagegen arbeitet offenbar natürlicherweise in Vollzeit. Zwar können Väter heute viel selbstverständlicher zumindest zwei Monate Elternzeit nehmen und sind involvierter in die Familienarbeit als ihre eigenen Väter es wahrscheinlich waren, trotzdem bekommt das Erwerbsleben eines Mannes meist keinen größeren Knick, wenn er Vater von einem oder mehreren Kindern wird. Insgesamt steckt in 70 Prozent der Beziehungen mit Kindern die Frau beruflich zurück, in nur zwei Prozent der Mann, bei drei Prozent der Partnerschaften arbeiten beide in Teilzeit und bei 25 Prozent der Paare mit Kindern arbeiten beide in Vollzeit. Damit sind nur 5 Prozent der berufstätigen Männer mit Kindern nicht vollzeitbeschäftigt. Der Arbeitsmarkt ist also strukturell zu fast 100 Prozent auf den Familienvater als rund um die Uhr ackernden und zu Hause abwesenden Haupternährer ausgerichtet. Dieser Erwartung nicht zu entsprechen ist schwierig. Entscheidet sich eine Familie für ein anderes Modell, gilt es, gesellschaftliche Rollenvorstellungen, Chef:innen und den Gender-Pay-Gap zu überwinden.
Besonders der letzte Punkt hat großen Einfluss auf die Arbeitsteilung einer jungen Familie. Verdient der Mann mehr, bleibt die Frau wie selbstverständlich zunächst zu Hause und übernimmt die Sache mit der unbezahlten Arbeit. Unterm Strich haben so für den Moment alle mehr Geld zur Verfügung. Langfristig bleiben Frauen damit allerdings in einem Modell der finanziellen Abhängigkeit stecken. Zumal verheiratet zu sein heute kein absicherndes Lebensmodell mehr ist. Denn so weit ist die Frauen- und Familienpolitik dann doch schon gekommen: Das Unterhaltsrecht wurde insofern angepasst, dass Frauen spätestens drei Jahre nach einer Scheidung finanziell allein zurechtkommen sollen. Ob sie nun vorher zugunsten des männlichen Gehalts beruflich zurückgesteckt haben oder nicht. Auch die von der Rente des verstorbenen Ehemannes abgeleitete Witwenrente fällt heute wesentlich geringer aus. Anspruch auf Lohnersatzleistungen wie Elterngeld, Arbeitslosengeld oder Krankengeld ergeben sich außerdem nur aus eigener Erwerbstätigkeit. Insgesamt wird von Frauen und Müttern mittlerweile also erwartet, dass sie selbst für ihre Existenzsicherung sorgen. Im besten Fall durch eine Erwerbstätigkeit in Vollzeit. Und das wollen sie auch. Umfragen zeigen, dass es für die Zufriedenheit von Frauen essenziell ist, finanziell unabhängig zu sein.

Studien belegen aber auch, dass in Vollzeit arbeitende Mütter einem enormen Stresslevel ausgesetzt sind. Denn auch wenn Frauen immer mehr Zeit in ihre Erwerbsarbeit stecken, bedeutet das nicht, dass sich die Zuständigkeit für Haushalt und Familie nennenswert verringert hat. Insgesamt hat die Beschäftigungsquote von Frauen seit den 1990er-Jahren konstant zugenommen. Um 20 Prozentpunkte etwa. Das heißt, immer mehr Frauen bringen Care-Arbeit und Erwerbsarbeit irgendwie unter einen Hut. Leider ist im Umkehrschluss der Anteil der Männer an der Care-Arbeit nicht äquivalent gestiegen. Hier ist seit den 1990ern tatsächlich so gut wie gar nichts passiert. Dafür arbeiten Väter sogar noch mehr als ihre kinderlosen Kollegen, wie Studien zeigen. Dabei wünschen sich die meisten Männer heute, mehr Zeit mit ihren Kindern zu verbringen. Sie stecken zwar beruflich nicht zurück, aber familiär. Frauen und Männer verlieren also beide, wenn sie Erwerbsarbeit und Care-Arbeit nicht gleichberechtigt aufteilen können. Obwohl das schon seit einigen Jahren bekannt ist, passiert politisch an dieser Stelle wenig. Seit 2016 Manuela Schwesigs Vorschlag einer 32-Stunden-Woche für Eltern am Gegenwind aus der Wirtschaft scheiterte, ist beim Vereinbarkeits-Dilemma von Beruf und Familie wenig Hilfe in Sicht. Es entsteht der Eindruck, seitdem Gerhard Schröder Familienpolitik 1998 als »Gedöns« bezeichnet hat, ist der politische Stellenwert des Ressorts kaum gestiegen. Das wurde zuletzt in der Corona-Krise deutlich. Eine staatlich finanzierte Kinderbetreuung hatte sich bis dahin als *der* Schlüssel erwiesen, um die Erwerbstätigkeit von Müttern zu gewährleisten. Als dann aber 2020 Schulen und Kitas monatelang geschlossen wurden, sah von politischer Seite niemand die Notwendigkeit, eine alternative Lösung anzubieten. Schlussendlich waren es wieder die Frauen, die ihre Arbeitszeit reduzierten, um die zusätzlich anfallende Betreuung der Kinder zu schultern. Das schien von den politisch Verantwortlichen irgendwie mit eingerechnet zu werden. Ganz nach der Devise: »Wir haben eine Krise, Frauen zurück an den Herd!«. Da gab es Kurzarbeitergeld, Hilfe für Selbstständige, Hilfe für Kreative. Aber dass Familien und besonders Frauen über Monate das Unmögliche schaffen mussten, wurde erst sehr viel später thematisiert – als nämlich die wichtigen anderen Themen geklärt waren. Im Mai 2021 dann ist Bundesfrauenministerin Franziska Giffey aufgrund eines Plagiatsskandals zurückgetreten. Nachbesetzt wurde ihre Stelle allerdings nicht. Stattdessen brachte man das Amt zusätzlich bei Justizministerin Christine Lambrecht unter. Es fällt also schwer, von außen nicht den Eindruck zu bekommen, dass die Belange von Frauen und Müttern in der Regierungsarbeit hintenanstehen.

ONLINE-DATING

Deutschland, International

NUTZER:INNEN VON ONLINE-DATING-DIENSTEN

31% MÄNNER

30% FRAUEN

DAS BEGEHRENSWERTESTE ALTER FÜR ONLINE-DATER:INNEN

FRAUEN 18 JAHRE

MÄNNER 50 JAHRE

DURCHSCHNITTLICHES ALTER DER NUTZER:INNEN: 30

Während Frauen eher Partner:innen ihres Alters bevorzugen, zieht es Männer jeden Alters zu jüngeren Frauen. Tatsächlich sind – gemessen an Likes und erhaltenen Nachrichten – Frauen für sie mit 18 Jahren am begehrenswertesten. Mit steigendem Alter der potenziellen Partnerin sinkt das männliche Interesse stetig. Für Frauen dagegen steigt die Attraktivität bei potenziellen Partner:innen bis zum 50. Lebensjahr leicht an, und sinkt erst danach ab.

UNTERSCHIEDE BEI DER NUTZUNG VON TINDER

Frauen liken 14% der Profile, Männer 46%

ERSTE NACHRICHT

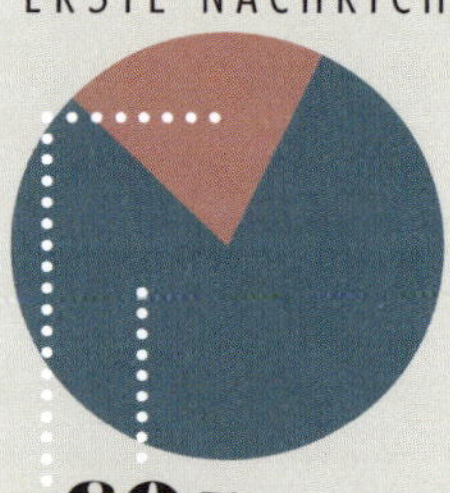

80% MÄNNER

20% FRAUEN

ANTWORTRATE VON FRAUEN LIEGT BEI UNTER 20%

FRAUEN VERWENDEN 8,5 MINUTEN PRO SITZUNG BEI TINDER, MÄNNER 7,2 MINUTEN

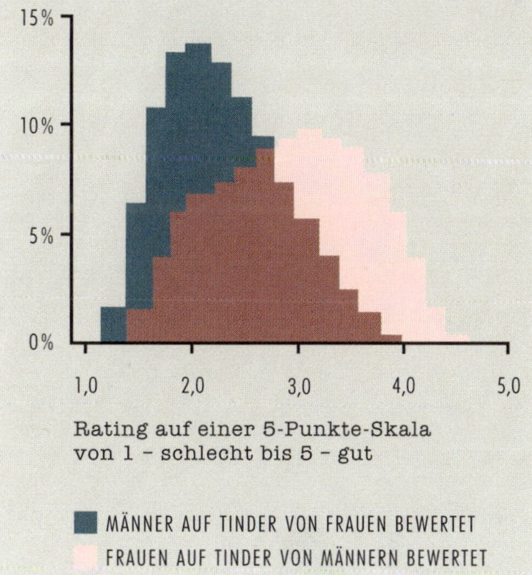

SEXUELLE BELÄSTIGUNG BEIM ONLINE-DATING: HALLO PENIS!

WAS DICKPICER ANTREIBT

82 % der Sender hofften, die Empfängerin mit dem Bild anzuturnen

50 % wollten bezwecken, dass die Empfängerin sich dadurch attraktiv fühlt

44 % verschickten Fotos in der Hoffnung, im Gegenzug auch ein Nacktbild zu bekommen

22 % hofften, die Empfängerin würde sich dadurch wertgeschätzt fühlen

18 % waren stolz auf ihren Penis oder fanden es selbst anturnend, die Bilder zu verschicken

17 % wollten damit schockieren

15 % wollten damit verängstigen

11 % wollten damit Ekel auslösen

46% DER **Frauen** HABEN BEREITS DICKPICS ERHALTEN, DAVON **89%** UNGEFRAGT. **5%** DER **Männer** GABEN ZU, UNGEFRAGTE **Dickpics** VERSCHICKT ZU HABEN

ORGASMUSHÄUFIGKEIT

USA

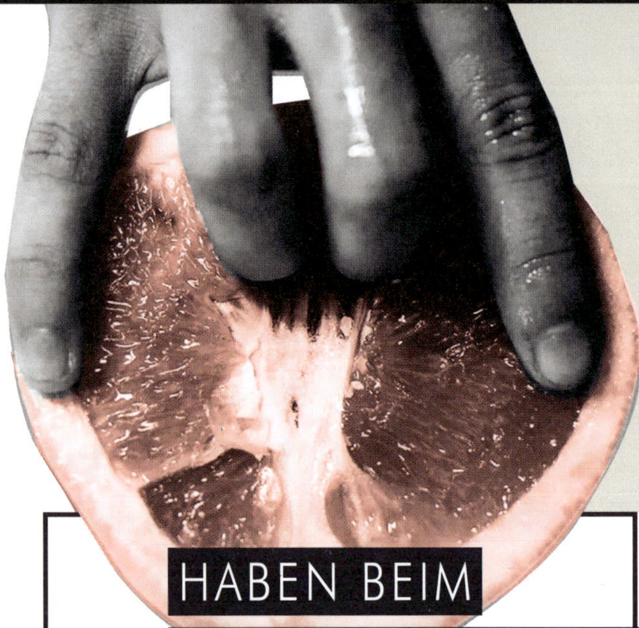

86 %

DER HOMOSEXUELLEN FRAUEN

HABEN BEIM GESCHLECHTSVERKEHR …

65 %

DER HETEROSEXUELLEN FRAUEN

66 %

DER BISEXUELLEN FRAUEN

88 %

DER BISEXUELLEN MÄNNER

89 %

DER HOMOSEXUELLEN MÄNNER

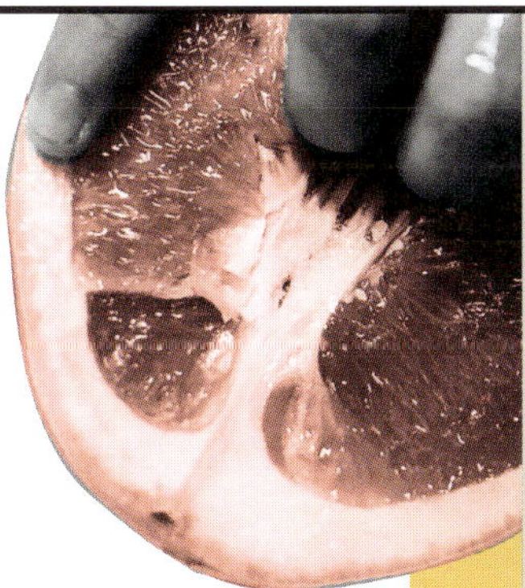

... FAST IMMER EINEN ORGASMUS

95 %

DER HETEROSEXUELLEN MÄNNER

BELIEBTESTE SEXSPIELZEUGE FÜR FRAUEN

Klitorisstimulatoren **44 %**

Vibratoren **34 %**

Dildos **11 %**

HABEN SCHON MAL NEBEN IHREM:IHRER SCHLAFENDEN PARTNER:IN MASTURBIERT

61 % DER MÄNNER

71 % DER FRAUEN

11 % der Frauen masturbieren ohne Sexpielzeug

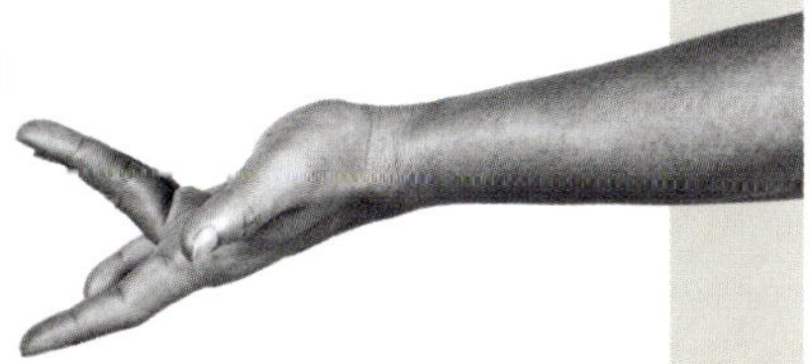

5 % der Männer masturbieren ohne visuelle Hilfsmittel

MASTURBIEREN TÄGLICH

35 % DER MÄNNER

14 % DER FRAUEN

FINDEN MASTURBIEREN GENAUSO GUT WIE SEX

45 % DER MÄNNER

27 % DER FRAUEN

KOMMEN BEIM MASTURBIEREN IMMER ZUM HÖHEPUNKT

62 % DER MÄNNER

52 % DER FRAUEN

MASTURBIEREN AUCH ALLEINE, WENN SIE IN EINER BEZIEHUNG SIND

84 % DER FRAUEN

78 % DER MÄNNER

27 %

...DER MÄNNER SIND SCHON FREMDGEGANGEN

31 %

...DER FRAUEN SIND SCHON FREMDGEGANGEN

INSGESAMT HABEN SEITENSPRÜNGE SEIT 2012 ZUGENOMMEN: HIER HABEN NOCH 19 % DER FRAUEN BZW. 23 % DER MÄNNER UNTREUE ZUGEGEBEN.

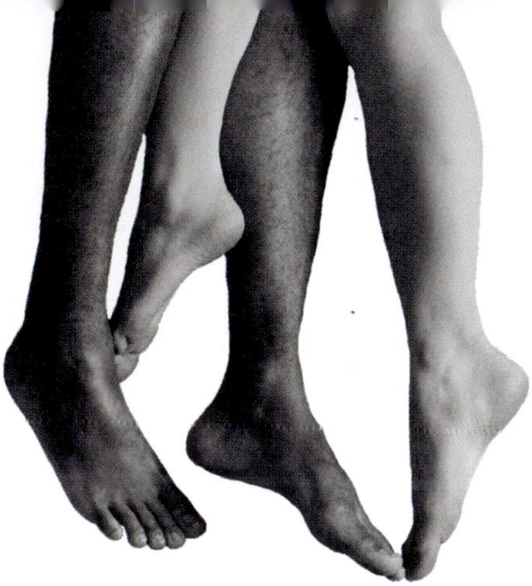

GRÜNDE FÜR UNTREUE …

MÄNNER

38 % Reiz des Neuen

32 % Sexuelle Anziehung

32 % Spontane Gelegenheit

FRAUEN

52 % Unglücklich in der Beziehung

33 % Zu wenig Zuwendung in der Beziehung

29 % Haben sich verliebt

Am häufigsten betrügen MÄNNER **mit 60–69 Jahren und** FRAUEN **mit 30–39 Jahren**

TREUESTE ALTERSGRUPPE BEI BEIDEN GESCHLECHTERN: **18–29**

DER ANTRAG

89 % VOM MANN

VERTEILUNG VON HAUSARBEIT UND KINDERBETREUUNG

FRAUEN **63 %** MÄNNER **37 %**

IN NUR **6 %** DER FÄLLE WIRD DER NAME DER **Frau** ANGENOMMEN

HEIRAT UND FAMILIE

Frauen, die auf Ehe und Kinder verzichten, werden eher schief angeguckt als Männer, die Single bleiben. Frauen verspüren besonders aus der Familie starken Druck, sich zu binden.
Für 84 % von ihnen spielt die Meinung der Familie dementsprechend eine große Rolle, wenn sie sich für eine Heirat entscheiden. Bei Männern dagegen ist sie nur für 31 % wichtig.

ERST SEIT 2017 IST DIE EHE FÜR ALLE IN DEUTSCHLAND ERLAUBT

13 % der Eheschließungen im Jahr 2019 waren gleichgeschlechtlich

•••••

GLEICHGESCHLECHTLICHE EHESCHLIESSUNGEN NACH GESCHLECHT ZWISCHEN 2017 UND 2019

49,7 % Frau/Frau

50,3 % Mann/Mann

•••••

19 % der Frauen und **32 %** der Männer lehnen die Ehe für alle 2017 immer noch ab

MONETEN, MONETEN

6 % der verheirateten Frauen zwischen 30 und 50 haben ein eigenes Nettoeinkommen von über 2000 €

74 % der geschiedenen Frauen erwarten eine Rente, die ihren Lebensunterhalt im Alter nicht sichert

64 % weniger Rente als ihr Partner erhalten verheiratete Frauen

80 % der Männer sind sich sicher, dass ihre Rente im Alter ausreichen wird

DIE VERMEINTLICHEN EHELICHEN STEUERVORTEILE

Verheiratete Arbeitnehmer:innen können sich für die niedrig besteuerte Steuerklasse III entscheiden, solange der Partner oder die Partnerin dafür in die hoch besteuerte Steuerklasse V wandert. Viele Paare haben so kurzfristig ein höheres Nettoeinkommen, weil die Person mit dem geringeren Einkommen die Hauptsteuerlast trägt. In 89 % der Fälle ist das die Frau. Problematisch ist aber, dass sich die Höhe eventueller Lohnersatzleistungen wie Elterngeld, Arbeitslosengeld oder Krankengeld am Nettolohn orientiert. Ist dieser aufgrund hoher Steuerabgaben sehr niedrig, fallen auch die Lohnersatzleistungen niedrig aus. 93 % der Menschen, die Lohnersatzleistungen beziehen, sind allerdings Frauen, die damit im Falle von Krankheit oder Arbeitslosigkeit schlechter abgesichert sind.

89 % DER MENSCHEN IN LOHNSTEUERKLASSE V SIND VERHEIRATETE FRAUEN

79 % DER MENSCHEN IN LOHNSTEUERKLASSE III SIND VERHEIRATETE MÄNNER

WER REICHT DIE SCHEIDUNG EIN?

40 % MÄNNER

8 % GEMEINSAM

52 % FRAUEN

SO SCHÄTZEN MÄNNER UND FRAUEN IHRE KOMPETENZEN AM HERD EIN

FRAUEN

91% KOCHEN GUT ODER SEHR GUT

9% KÖNNEN WENIG ODER GAR NICHT KOCHEN

MÄNNER

56% KOCHEN GUT ODER SEHR GUT

44% KÖNNEN WENIG ODER GAR NICHT KOCHEN

WER KOCHT?

68 % der Frauen mit Kindern kochen täglich

38 % der Männer mit Kindern kochen täglich

63 % der Frauen in Mehrfamilienhaushalten

45 % der Männer in Mehrfamilienhaushalten

47 % der Single-Frauen

24 % der Single-Männer

ZEIT FÜRS KOCHEN PRO WOCHE

IN DER SCHWEIZ

Frauen 7,8 Stunden

Männer 4,5 Stunden

KOCHEN ALS BERUF

An kaum einem anderen Thema sieht man besser, wie ungerecht bezahlte und unbezahlte Arbeit zwischen den Geschlechtern verteilt ist. Frauen kochen laut Statistik im Durchschnitt häufiger und besser. Trotzdem sind es zu einem Großteil Männer, die mit dem Kochen Geld verdienen. Während Männer also die Karriereleiter als Köche erklimmen, bereiten die Spitzenköchinnen zu Hause Kartoffelbrei und Fischstäbchen für die Kinder zu – und das natürlich unentgeltlich.

VERTEILUNG DER GESCHLECHTER UNTER DEN STERNEKÖCH:INNEN

3-STERNEKÖCH:INNEN: **11** männlich, **0** weiblich

2-STERNEKÖCH:INNEN: **41** männlich, **2** weiblich

1-STERNEKÖCH:INNEN: **263** männlich, **11** weiblich

WIE VIELE VÄTER BEZIEHEN ELTERNGELD?

Seit 2007 können Väter während ihrer Elternzeit Elterngeld beziehen. Mit der neuen Regelung sollte damals ein großer Schritt in Richtung gleichberechtigte Sorgearbeit gemacht werden. Noch 2005 lag die Zahl der Väter, die in Elternzeit gingen, gerade einmal bei 5 %. 15 Jahre später haben wir diesen Tiefpunkt zwar hinter uns gelassen, trotzdem verzichten immer noch die meisten Väter auf eine längere Jobpause zugunsten der Familie. 70 % der Männer, die das Angebot überhaupt nutzen, nehmen nur ein Minimum von zwei Monaten Elternzeit – und die am liebsten im Sommer.

48% der VÄTER wünschen sich heute eine partnerschaftliche Aufgabenteilung in Familie und Beruf

55% DER VÄTER MÖCHTEN ETWA DIE HÄLFTE DER KINDERBETREUUNG ÜBERNEHMEN

45% DER VÄTER DENKEN, DASS SIE NICHT GENUG ZEIT FÜR IHRE KINDER HABEN

WUNSCH:

45% der Eltern wünschen sich eine partnerschaftliche Aufteilung bei der Kinderbetreuung

WIRKLICHKEIT:

17% der Eltern übernehmen etwa gleiche Teile bei der Kinderbetreuung

DER ANTEIL DER VÄTER, DIE ÜBERHAUPT ELTERNGELD nehmen, schwankt stark zwischen den Bundesländern. In Sachsen sind es **53,5%**. Im Saarland sind es nur **29,2%**.

75% DER VÄTER, DIE ELTERNGELD NEHMEN, NEHMEN NUR ZWEI MONATE IN ANSPRUCH.

Kindererziehung, Hausarbeit, Einkaufen, Gartenarbeit, Pflege von Angehörigen: Das, was unter dem Begriff Sorgearbeit gesammelt wird, erledigen größtenteils Frauen. Die Differenz zwischen der Zeit, die Frauen hier aufwenden und der, die Männer investieren, bezeichnet man als den Gender-Care-Gap. Und der sagt eine Menge über den Stand der Gleichberechtigung aus. Würden Männer und Frauen nämlich Erwerbsarbeit und Sorgearbeit zu gleichen Teilen untereinander aufteilen, wären Frauen finanziell unabhängig und auch im Alter ähnlich abgesichert wie ihre Partner.

SO NUTZEN MÄNNER UND FRAUEN IHRE ZEIT

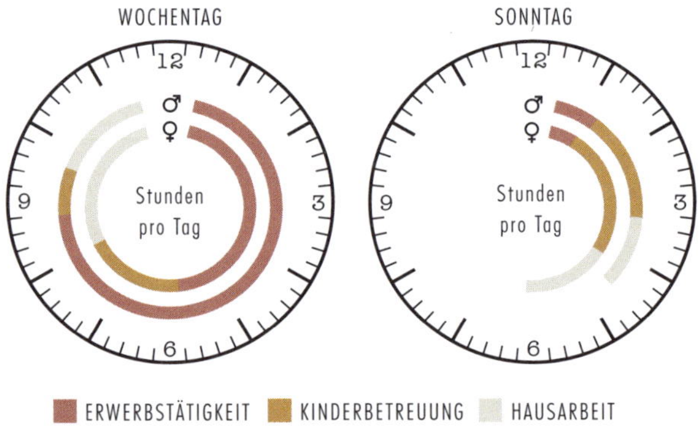

DER GENDER-CARE-GAP

Durchschnittlicher täglicher Zeitaufwand unbezahlter Sorgearbeit

FRAUEN **4:13 Stunden**

MÄNNER **2:46 Stunden**

Gender-Care-Gap: **52 %**

MÄNNER-BETEILIGUNG AN DER CARE-ARBEIT SEIT DEN 1990ERN NICHT GESTIEGEN

Die Erwerbsquote von Frauen ist seit den 1990ern konsequent gestiegen, obwohl die meisten Frauen in Teilzeit arbeiten. Trotzdem beteiligen Männer sich heute nicht nennenswert mehr an Kindererziehung und Hausarbeit als damals. Zwar ist eine kleine Steigerung im Anteil der Männer an der Care-Arbeit zu erkennen, die kommt aber nur zustande, weil Frauen inzwischen weniger Zeit in Hausarbeit und Kinderbetreuung investieren als früher. Männer machen also relativ betrachtet etwas mehr, absolut hat sich aber nicht viel geändert. Damit sind Frauen durch die zunehmende Erwerbstätigkeit einerseits unabhängiger geworden, müssen aber andererseits mit einer enormen Doppelbelastung leben.

DER GENDER-CARE-GAP IN PAARHAUSHALTEN MIT KINDERN: **83 %**

FRAUEN **leisten täglich 87 Minuten mehr Sorgearbeit**

ENTWICKLUNG DER BETEILIGUNG AN ERWERBSARBEIT UND HAUSARBEIT

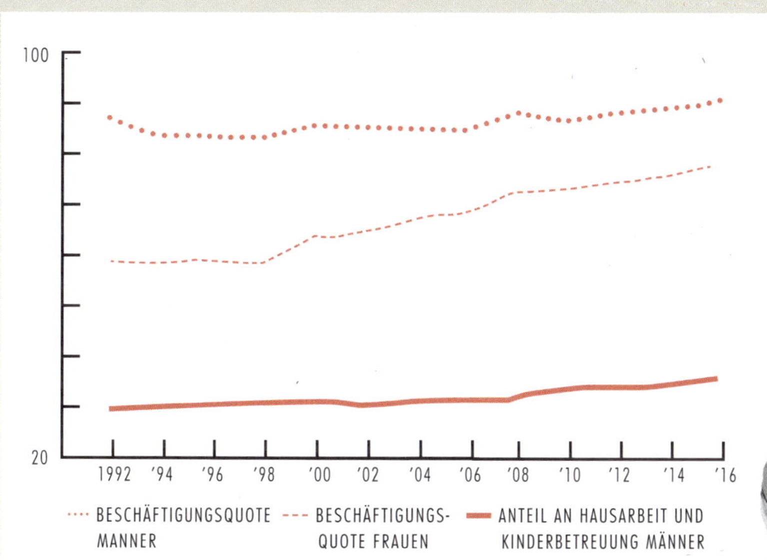

111 % IST DER GENDER-CARE-GAP BEI 34-JÄHRIGEN

70 % DER PFLEGENDEN ANGEHÖRIGEN SIND FRAUEN

#MeToo

2
Medien & Kultur

Frauen fehlen. Sie fehlen in Kinofilmen, in den Charts, in Computerspielen, in Bücherregalen, Orchestern und Zeitungen. Überall da, wo Kunst und Kultur unsere Welt interpretieren und uns neue Blickwinkel ermöglichen sollen, ist dieser Blick vor allem eines: männlich. Völlig selbstverständlich nehmen wir zur Kenntnis, dass der Großteil der Bücher in unseren Regalen von männlichen Autoren verfasst wurde. Und genauso selbstverständlich schauen wir die meiste Zeit Filme von männlichen Regisseuren, hören Musik von männlichen Musikern und lesen sonntags Zeitungsartikel über diese ganzen genialen Männer, die die Geschicke unserer Welt lenken.
Auf den Missstand in der Filmbranche hat vor einigen Jahren der Bechdel-Test hingewiesen. Mithilfe dieses Tests werden Filme dahingehend geprüft, ob sich darin zwei Frauen, die namentlich genannt werden, miteinander über etwas anderes unterhalten als über Männer. Klingt simpel, doch erreichen über 40 Prozent von fast 10.000 getesteten Filmen diese wirklich niedrig angesetzte Anforderung nicht. Dabei transportieren Filme Botschaften. Sie sind nicht einfach ein Abbild der Realität,

sondern können neue gesellschaftliche Realitäten schaffen. Ein Beispiel wäre hier der sogenannte Scully-Effekt. Der besagt, dass Frauen, die die Serie *Akte X – Unheimliche Fälle des FBI* gesehen haben, ungewöhnlich häufig Berufe im Bereich Naturwissenschaft und Technik ergriffen. Grund dafür soll die brillante Protagonistin Dana Scully gewesen sein, die als kluge FBI-Agentin und Forensikerin vielen Frauen als Vorbild diente. Der Effekt wurde sogar mit einer Umfrage unter 2000 Frauen nachgewiesen. Filme können also Idole schaffen und neue Möglichkeiten sichtbar machen. Und die sind dringend nötig, solange die nicht-fiktive Welt Frauen noch so viele Grenzen aufzeigt.

Ein Blick in die Zeitungen reicht aus, um von diesen Grenzen einen realistischen Eindruck zu bekommen. Beiträge, die von Frauen handeln, machen gerade einmal ein Viertel der Berichterstattung aus. In Politik, Sport oder Wirtschaft sind meistens Männer die agierenden Persönlichkeiten – über Frauen wird dagegen häufig in der Opferrolle geschrieben. Dass auch hier weibliche und diverse Perspektiven ausbleiben, wundert bei einem Blick auf die Frauenquote in den Chefetagen der großen Medienhäuser zwar wenig, deprimiert aber trotzdem. Es herrschen Geschlechterverhältnisse wie auf einem FDP-Parteitag. Überregionale Tageszeitungen wie FAZ, Bild, Süddeutsche Zeitung, DIE ZEIT oder DER SPIEGEL kommen in den Führungsetagen auf einen Frauenanteil von gerade einmal 20 Prozent. Bei Regionalzeitungen sind es sogar nur 10 Prozent. In Onlinemedien sind es mit 36 Prozent immerhin noch ein paar Frauen mehr. Trotzdem bleibt unterm Strich zu sagen: Was wir täglich lesen, ist eine überwiegend männliche Interpretation des Weltgeschehens. Deswegen dürfen wir uns in Artikeln beispielsweise fragen, ob eine Mutter überhaupt Kanzlerin sein kann oder welche Spielerin der deutschen Fußballnationalmannschaft eigentlich die hübscheste ist. Gleichzeitig zeigen Statistiken, dass besonders Frauen unter sexistischen und geschlechterstereotypen Darstellungen in den Medien leiden.

Aber natürlich sind nicht nur in Zeitungen weibliche Entscheiderinnen rar. Die Kultur- und Medienbranche allgemein zeigt wie keine andere, dass die Gläserne Decke noch immer existiert und es nicht daran scheitert, dass es keine ausreichend qualifizierten Frauen für Chef:innenposten gibt. Denn obwohl Frauen fast die Hälfte der Beschäftigten ausmachen, rücken sie im gesamten Kultur- und Medienbereich trotzdem nicht in die Leitungspositionen vor. Ein Grund könnte sein: Frauen in der Kreativbranche arbeiten überwiegend in Teilzeit oder als Selbstständige – mit einem extrem hohen Gender-Pay-Gap von 24 Prozent. Im Bereich Kunst klaffen die Einkommensunterschiede sogar noch weiter auseinander: Künstler verdienen 33 Prozent mehr als Künstlerinnen.

Aber ohne Geld und ohne ein sicheres Arbeitsumfeld haben Frauen keinen Raum, Kreatives zu schaffen. Das ist mittlerweile zum Glück auch in der Kulturpolitik angekommen. Man kann sogar sagen, es kommt gerade Bewegung in die Branche. In jüngster Zeit wird verstärkt darauf geachtet, dass Fördergelder nicht mehr nur an »Männerprojekte« vergeben werden und Frauen in der Kreativszene mehr Sichtbarkeit bekommen. Große Medienhäuser wie die Axel Springer Gruppe versprechen sogar, sich in Zukunft an einer Frauenquote von 40 Prozent für Führungspositionen zu orientieren. Allerdings musste hier auch dringend ein Image aufpoliert werden, nachdem Ex-Bild-Chefredakteur Julian Reichelt wegen Gerüchten um Machtmissbrauch gegenüber Kolleginnen freigestellt worden war. Trotzdem: Es ändert sich gerade vieles zum Besseren. Und das hat bereits sichtbare Folgen: So hat beispielsweise 2021 in Cannes eine mehrheitlich weibliche Jury entschieden, wer die Goldene Palme erhält. Und wer hat sie bekommen? Eine Frau. Für einen blutigen, feministischen Rache-Horrorfilm.

52 % MÄNNLICH

48 % WEIBLICH

GAMER:INNEN SIND

Obwohl Frauen fast genauso häufig zu Videospielen greifen wie Männer, ist die Branche immer noch stark männlich geprägt und orientiert sich an einer männlichen Käuferschaft. Das sieht man auch deutlich an der Verteilung männlicher und weiblicher Charaktere in den Spielen – ganz zu schweigen von der oft sexualisierten Darstellung der weiblichen Protagonistinnen.

In deutschen Games-Unternehmen arbeiten nur 25 % Frauen

#GAMERGATE

Von sexistischen Darstellungen in Games zu Sexismus in der Szene: Frauen sehen sich in Gaming-Communitys häufig mit Belästigungen und Anfeindungen konfrontiert. In einer Studie von 2016 gaben 76 % der befragten First-Person-Shooter-Gamerinnen an, beim Spielen belästigt oder diskriminiert worden zu sein. Angestoßen wurde die Sexismus-Debatte 2014 unter dem Hashtag #gamergate.

66 % ALLER GAMER:INNEN HÄLT DIE DARSTELLUNG DER WEIBLICHEN ROLLEN IN COMPUTERSPIELEN FÜR SEXISTISCH

MS. PAC-MAN

In nur 5 % der 2019 vorgestellten* Computerspiele ist die Hauptperson WEIBLICH. **2015 waren es noch 9 %.**

* Vorgestellte Neuheiten auf der Electronic Entertainment Expo (E3), einer der größten Messen für Computerspiele

WÖCHENTLICHER GEBRAUCH VON SOCIAL MEDIA

Instagram nutzen …

71 % der weiblichen

59 % der männlichen

… 12- bis 19-Jährigen

Twitter nutzen …

5 % der weiblichen

10 % der männlichen

… 12- bis 19-Jährigen

YouTube nutzen …

68 % der weiblichen

95 % der männlichen

… 14- bis 29-Jährigen

ANTEIL AKTEUR:INNEN AUF YOUTUBE

69 % MÄNNLICH 29 % WEIBLICH 2 % INTER/TRANS/OTHER

44 % der YouTuber:innen haben einen Migrationshintergrund

OPTIMIEREN BILDER VOR DEM POSTEN*

94 % DER FRAUEN

87 % DER MÄNNER

*verwenden zum Beispiel Filter

KÖRPERMERKMALE, DIE BEI 12- BIS 19-JÄHRIGEN MÄDCHEN BEARBEITET WERDEN

Haut ebenmäßig machen **70 %**

Haare/Frisur **69 %**

Haut gebräunter machen **47 %**

… BEI JUNGEN SIND ES

Haare/Frisur **56 %**

Schultern breiter machen **40 %**

Arme muskulöser machen **39 %**

THEMEN AUF YOUTUBE-KANÄLEN

BEAUTY

Frauen **30 %**

Männer **4 %**

BEZIEHUNG/PARTNERSCHAFT

Frauen **23 %**

Männer **13 %**

SEXUALITÄT

Frauen **18 %**

Männer **21%**

MUSIK

Frauen **14 %**

Männer **22 %**

BILDUNG/WISSENSCHAFT

Frauen **6 %**

Männer **6 %**

POLITIK/GESELLSCHAFT

Frauen **2 %**

Männer **7 %**

GAMING

Frauen **1 %**

Männer **4 %**

ES GIBT EINEN ZUSAMMENHANG ZWISCHEN DER NUTZUNG SOZIALER MEDIEN UND DER EINSTELLUNG ZU GESCHLECHTERSTEREOTYPEN

Anteil der nicht-täglichen Nutzer:innen von Sozialen Medien, die der Aussage »Ich finde es nicht besonders schlimm, wenn Frauen für die gleiche Arbeit weniger verdienen als Männer«, zustimmen

FRAUEN **17 %**

MÄNNER **29 %**

Anteil täglicher Nutzer:innen von Sozialen Medien, die zustimmen

FRAUEN **32 %**

MÄNNER **52 %**

GENDER-PAY-GAP BEI VERKAUFTEN:

Instagram-Posts **7 %**

Instagram-Stories **27 %**

Paket: Post + Story **49 %**

FRAUEN UND MÄNNER ALS JOURNALIST:INNEN

REDEANTEILE VON FRAUEN UND MÄNNERN IN DEUTSCHEN NACHRICHTEN*

FRAUEN 33 %

MÄNNER 67 %

HINZUGEZOGENE EXPERT:INNEN IN NACHRICHTENBEITRÄGEN*

MÄNNER 83 %

FRAUEN 17 %

MÄNNERN 49 %

FRAUEN 36 %

GESPROCHENEN BEITRAGSSEQUENZEN MIT NAMENSNENNUNG VON*

*Analyse von Tagesschau, Heute Journal, RTL Aktuell

FÜHRUNGSPOSITIONEN IN PRINT-REDAKTIONEN

MÄNNER **90 %** FRAUEN **10 %**

REDAKTIONELLE LEITUNG IN DEUTSCHEN REGIONALZEITUNGEN

MÄNNER **80 %** FRAUEN **20 %**

FÜHRUNGSPOSITIONEN IN ÜBERREGIONALEN ZEITUNGEN

FRAUEN UND MÄNNER ALS PROTAGONIST:INNEN IN DEN NACHRICHTEN

Der Spiegel

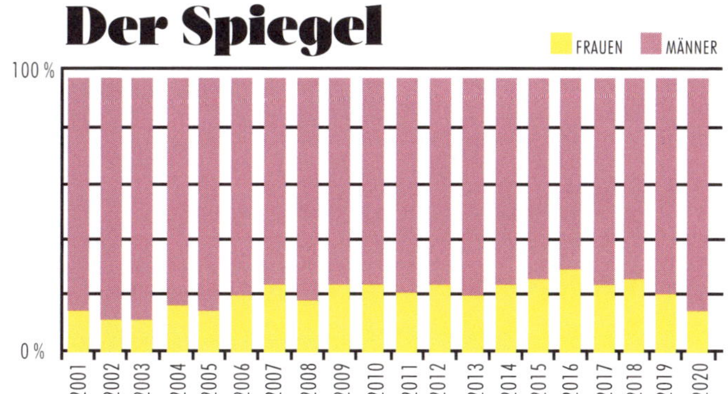

Bild

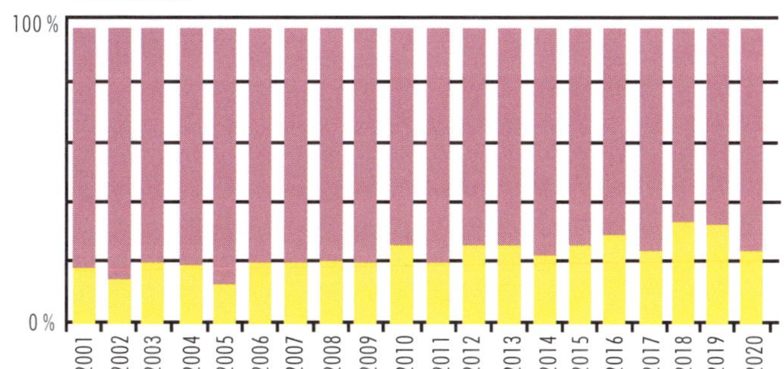

Frauen stellen nur etwa ein Drittel der Journalist:innen und die überwiegend im Bereich Moderation. Liest man Nachrichten über Politik, Sport und Wirtschaft ist der:die Autor:in fast immer ein Mann. Doch Journalist:innen berichten aus ihrer Perspektive über die Welt und tragen damit zur Information und Meinungsbildung ihrer Leser:innen bei. Fehlen Frauen als Journalist:innen, fehlt auch der weibliche Blick auf gesellschaftlich relevante Themen, was die Benachteiligung von Frauen weiter verstärkt.

Inzwischen ist bekannt, wie wichtig starke Rollenvorbilder sind, um Frauen, die LGBTQIA+-Community und Menschen mit Behinderung in der Gesellschaft zu stärken. Im als fortschrittlich bezeichneten Medium Film sucht man trotzdem vergeblich danach. Die folgenden Statistiken haben die 900 meistgesehenen Filme in US-amerikanischen Kinos, die zwischen 2012 und 2020 gespielt wurden, zur Grundlage. Das Fazit: Wenn Frauen vorkommen, dann bitte jung und gerne nackt.

ANTEIL WEIBLICHER SCHAUSPIELER:INNEN IN IHREN ALTERSGRUPPEN

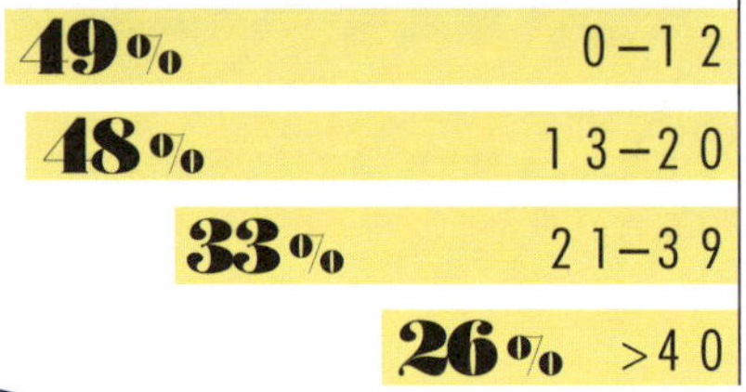

ANTEIL PRODUZENTINNEN, REGISSEURINNEN, KOMPONISTINNEN UND AUTORINNEN

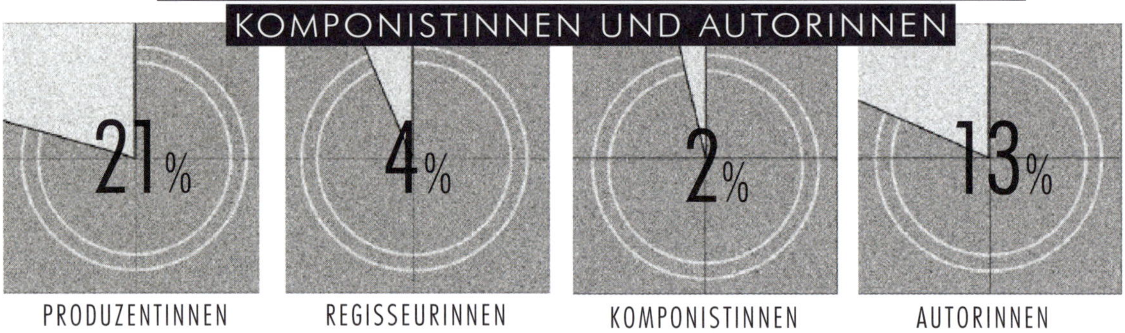

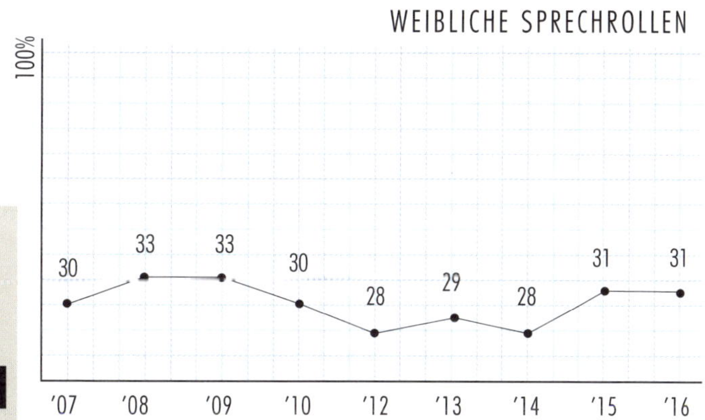

INTERSEKTIONALITÄT IM FILM

Diese Grafik zum Thema Intersektionalität zeigt, wie sich verschiedene Diskriminierungsformen gegenseitig verstärken. Theoretisch müsste der Anteil der im Film dargestellten Frauen mit Behinderung an den gesamten weiblichen Rollen dem Prozentsatz entsprechen, zu dem Menschen mit Behinderung im Film vertreten sind (5 % der gesamten Rollen). Das ist allerdings nicht der Fall. Der Prozentsatz ist wesentlich kleiner.

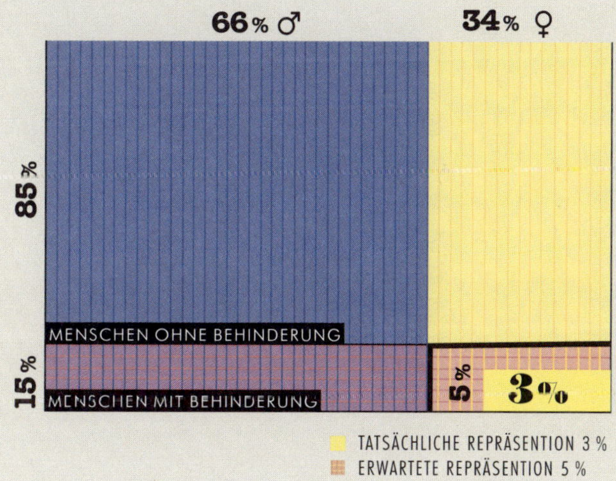

ANTEIL MARGINALISIERTER MENSCHEN IN SPRECHROLLEN

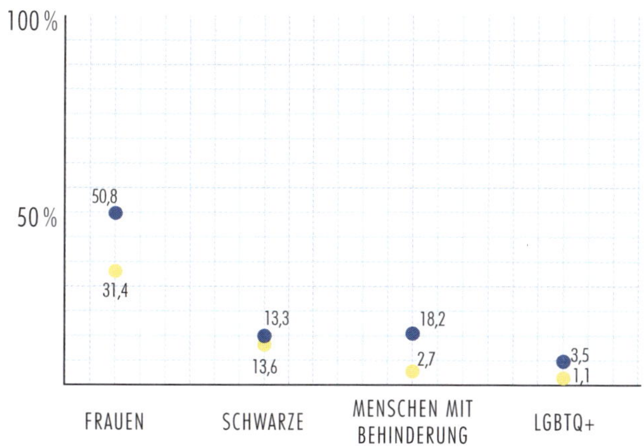

Verschiedene gesellschaftliche Gruppen sind im Film unterschiedlich gut repräsentiert. Besonders bei Menschen mit Behinderung klafft die Schere zwischen dem tatsächlichen Anteil in der Bevölkerung und der Repräsentation im Film weit auseinander: Es gibt fast siebenmal mehr Menschen mit Behinderungen als im Film zu sehen sind.

DIE OSCARS

Über 10.000 Nominierungen seit 1929

86 % MÄNNLICH 14 % WEIBLICH*

*ausgenommen wurden Kategorien, in denen nur Männer oder nur Frauen nominiert werden können

OSCARNOMINIERUNGEN VON FRAUEN IM LAUFE DER ZEIT

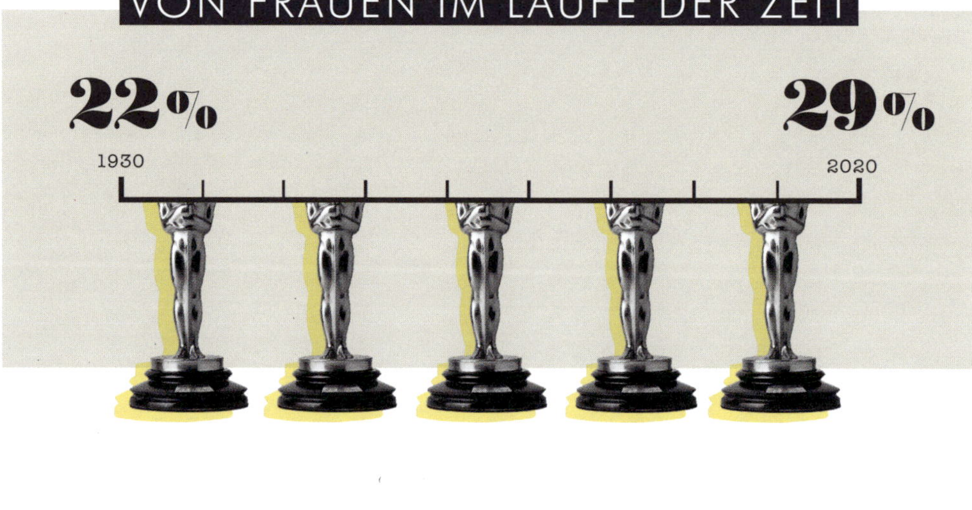

OSCARNOMINIERUNGEN IN DEN VERSCHIEDENEN KATEGORIEN

BEST DIRECTOR

449 davon 5 ♀

GEWINNERINNEN 1

BEST PICTURE

379 davon 13 ♀

GEWINNERINNEN 0

BEST CINEMATOGRAPHY

609 davon 1 ♀

GEWINNERINNEN 0

INTERNATIONALE FILMFESTSPIELE VON CANNES

Die goldene Palme ist die wichtigste Auszeichnung der Filmfestspiele von Cannes, eines der bedeutendsten Filmfestivals der Welt. Obwohl das Festival dafür bekannt ist, sich filmisch jenseits des Mainstreams aus Hollywood zu bewegen, ist der Frauenanteil unter den Preisträger:innen nicht höher als bei den jährlichen Oscarverleihungen.

PREISE VERLIEHEN SEIT 1955 …

DIE GOLDENE PALME

72 MÄNNER

2 FRAUEN

AUSZEICHNUNG BESTE REGIE

66 MÄNNER

2 FRAUEN

AUSZEICHNUNG BESTES DREHBUCH

52 MÄNNER

5 FRAUEN

Jahrelang waren Jurys für wichtige Auszeichnungen männlich besetzt und verliehen Preise zum Großteil an männliche Künstler. Dass ein höherer Frauenanteil unter den Jurymitgliedern auch zu mehr Sichtbarkeit für weibliche Leistungen unter den Künstler:innen führen kann, sieht man an der Preisverleihung für die Goldene Palme 2021: In diesem Jahr wurde der Film einer weiblichen Regisseurin ausgezeichnet – und das erst zum zweiten Mal in der Geschichte des Filmfestivals. Entschieden hatte das eine mehrheitlich weibliche Jury.

FRAUEN IN DER UNTERZAHL*

In der Musikindustrie ist der Gender-Gap gigantisch – und zieht sich durch alle Bereiche der Branche. Nicht nur Musikerinnen sind stark unterrepräsentiert, auch Produzentinnen und Songwriterinnen sind eine Seltenheit. Durch berühmte weibliche Gesichter wie Beyoncé oder Taylor Swift wirkt die Musikszene zwar auf den ersten Blick ausgeglichen, es sind aber immer noch besonders Männer, die die Branche gestalten und finanziell profitieren. Gleichzeitig ist, während sich mittlerweile selbst in den Vorständen der deutschen Dax Unternehmen in Sachen Frauenanteil etwas tut, in der Musik in den letzten neun Jahren sogar ein Rückgang des Frauenanteils zu beobachten.

FRAUENANTEIL MUSIKER:INNEN

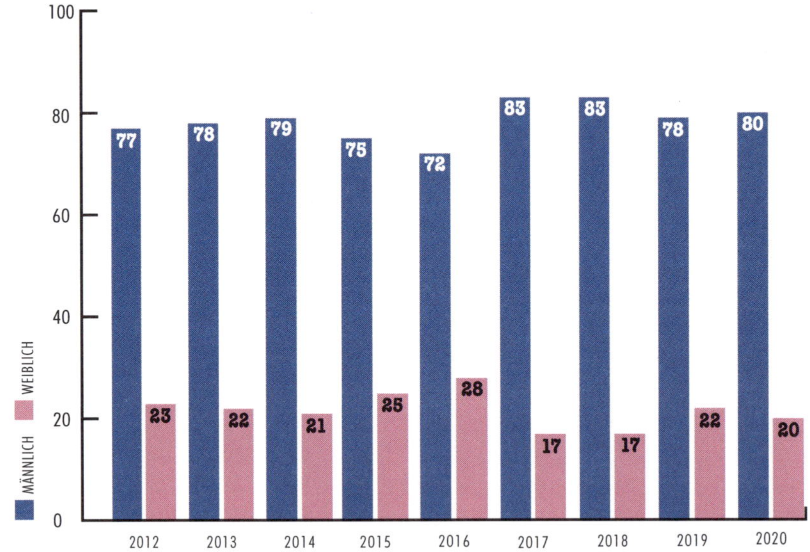

3,6 Männer : 1 Frau

1 % der Songs sind ausschließlich von Frauen geschrieben. 57 % ausschließlich von Männern

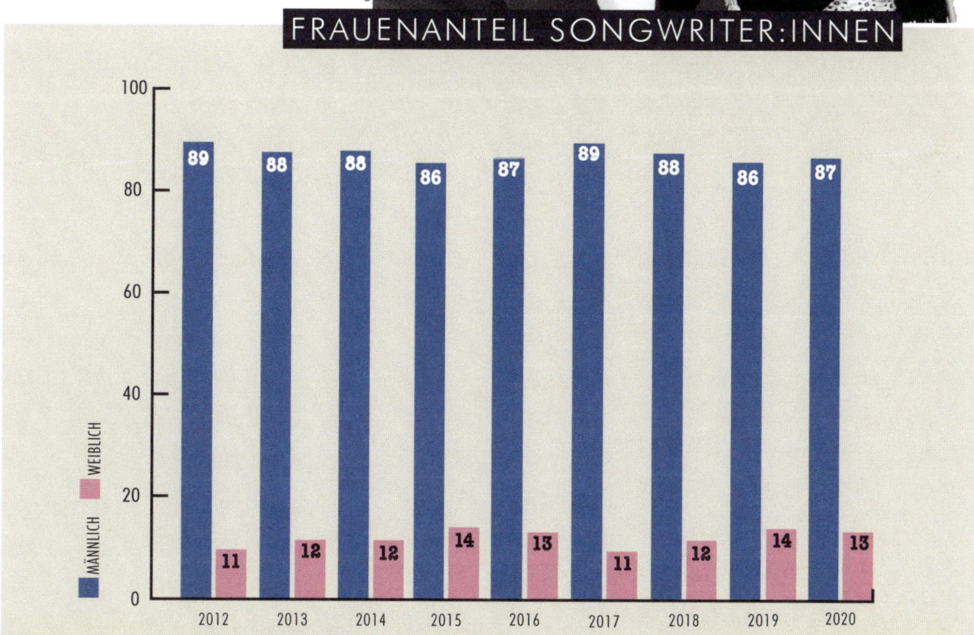

7 Männer : 1 Frau

*Zahlen beziehen sich auf die 900 erfolgreichsten Songs der Jahre 2012-2020

FRAUENANTEIL PRODUZENT:INNEN

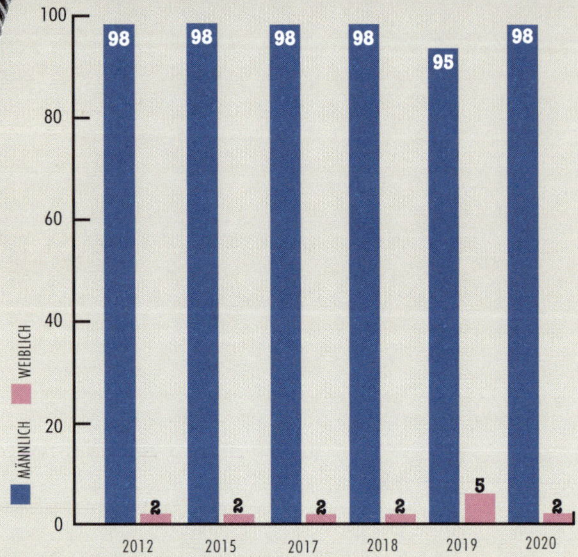

1% der Produzent:innen sind Women of Color

38 Männer : 1 Frau

WEIBLICHE DJS BEI INTERNATIONALEN ELEKTRONISCHEN FESTIVALS

Frauen sind auch als DJs unterrepräsentiert. Immerhin: Seit 2012 ist der Frauenanteil hier stark gestiegen. Der female:pressure FACTS survey sammelt bereits seitdem Daten zur Verteilung der Geschlechter auf internationalen elektronischen Festivals und hat bei seiner ersten Auswertung nur 9 % Frauen ausmachen können.

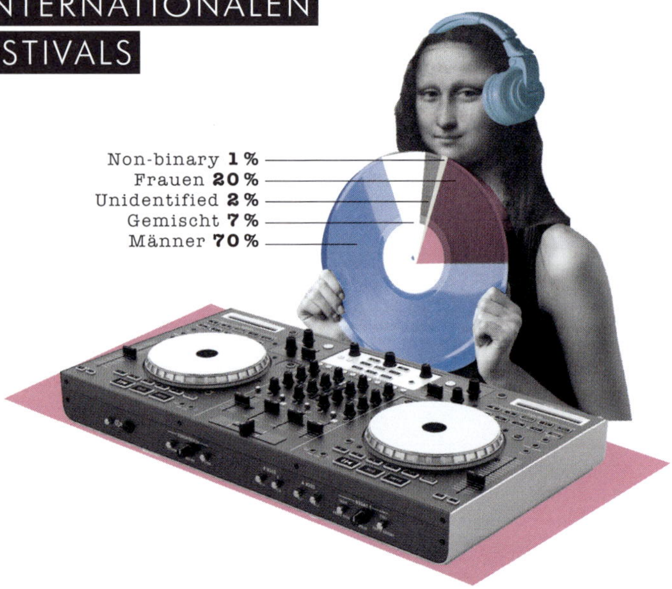

FRAUENANTEIL BEI DEN GRAMMYS

13 % ist der Anteil der weiblichen Nominierungen bei den Grammys 2013–2021

INSGESAMT IST DIE ZAHL DER NOMINIERUNGEN VON FRAUEN STARK GESTIEGEN: 2013 WAREN ES NOCH 8 %. 2021 DANN 28 %

Die jährlich verliehenen Grammy Awards sind der Oscar der Musikwelt und damit die höchste internationale Auszeichnung für Musikschaffende. Die Nominierungslisten der Grammys zeichnen daher ein gutes Abbild der Branche.

KATEGORIEN MIT WEIBLICHEN NOMINIERUNGEN 2013–2021

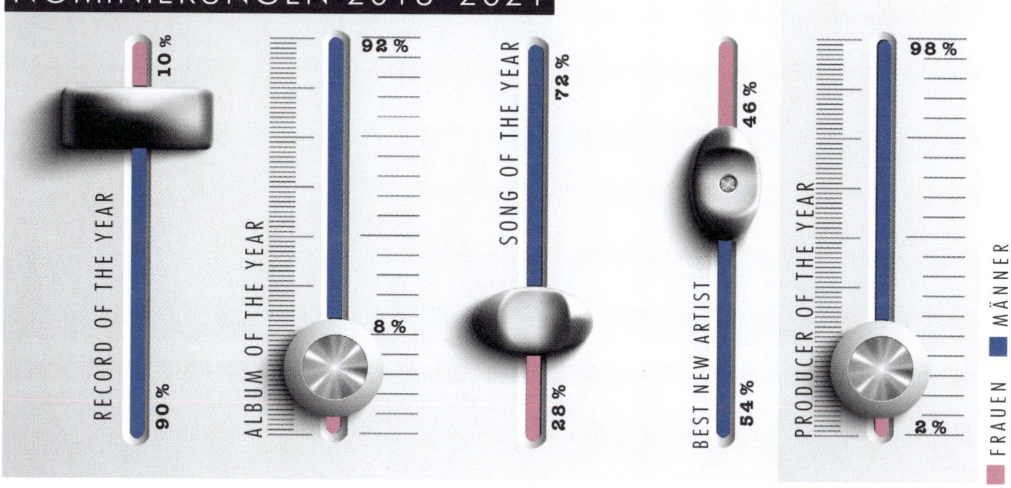

ICE

3

Nachhaltigkeit & Konsum

Sie ist Tofu-Fan, er packt sich gerne ein großes Steak auf den Grill. Sie legt beim Einkaufen Wert auf Bioprodukte, er legt vor allen Dingen Wert auf ein großes Auto. Was auf den ersten Blick wirkt wie der Beginn eines klischeebehafteten Mario Barth-Sketches, sind Ergebnisse aktueller Statistiken, die Aufschluss über das Umweltverhalten von Männern und Frauen geben. Klischee hin oder her: Unterm Strich kann man festhalten, dass es in erster Linie Frauen sind, die Strom sparen, den Müll trennen, grün wählen und für den Klimaschutz demonstrieren. 70 Prozent der Demonstrierenden beim weltweiten Klimastreik 2019 waren Frauen, angeführt von weiblichen Wortführerinnen wie Greta Thunberg und Luisa Neubauer. Klimaschutz ist ein weibliches Thema geworden. Männer dagegen bleiben oft hinter den umweltpolitischen Anforderungen unserer Zeit zurück. Sie haben Umfragen zufolge nicht nur weniger Interesse an Umweltthemen; umweltfreundliche Produkte oder generell umweltfreundliches Verhalten kollidiert sogar mit dem Männlichkeitsbild vieler Befragter. Regionales Gemüse zu kaufen, auf Fleisch zu verzichten oder gar auf nachhaltige Körperpflege zu setzen, gilt immer noch als typisch weiblich. Damit bleibt es wieder einmal an den Frauen hängen, auch für den Planeten die wenig geschätzte Care-Arbeit zu übernehmen. Und die kostet Zeit und Geld. Beides ist bei Frauen eine nur begrenzte Ressource. Schließlich verdienen Frauen im Durchschnitt weniger Geld und zahlen dank Gender-Pricing sogar teilweise mehr für die gleichen Produkte und Dienstleistungen als Männer. Und das besonders häufig für grün und nachhaltig vermarktete Artikel, die sich an weibliche Konsumentinnen richten.

Aber nicht allein für Frauen ist die Aufteilung in »weibliche Weltretterin« und »männliches Umweltschwein« von Nachteil. Das herrschende Männerbild ist nämlich nicht nur schlecht für den Planeten, sondern auch noch ziemlich ungesund. Ein »richtiger« Mann soll ordentlich Fleisch essen, Bier trinken, Fußball gucken, besser weniger Gefühle zeigen, dafür aber ein schnelles Auto fahren. Als Resultat essen Männer etwa dreimal mehr Fleisch als von Gesundheitsexpert:innen empfohlen, sterben häufiger bei Autounfällen und entwickeln fast dreimal so oft eine Alkoholsucht. Alles Gründe, warum Männer am Ende früher sterben als Frauen.

Aber stereotypes Verhalten sitzt tief und ist nicht einfach damit zu überwinden, dass auch der Mann im Supermarkt mal das Biowaschmittel kauft oder einen Veganuary einlegt. Viele Statistiken weisen darauf hin, dass manche Entscheidungen, die die Geschlechter im Hinblick auf Umwelt und Konsum treffen, weniger individuell als vielmehr strukturell bedingt sind. Dass beispielsweise männlicher Konsum im Durchschnitt schädlicher für die Umwelt ist als weiblicher, liegt auch daran, dass Männer höhere Ausgaben für Benzin und Diesel haben – und das wiederum liegt zum Teil daran, dass mehr Männer als Frauen berufstätig sind und mit dem Auto zur Arbeit fahren. Frauen dagegen bleiben häufiger zu Hause und müssen oft zugunsten der Familie zumindest zeitweise auf ihren Beruf verzichten. Dadurch sind sie es auch, die im Supermarkt vor dem Regal stehen und zum Wohle der Kinder die umweltfreundlichen Konsument:innenentscheidungen treffen, die schließlich in den Statistiken auftauchen. Denn umweltfreundlich einzukaufen, bedeutet meistens auch, gesund einzukaufen. Und das wird von einer fürsorglichen Mutter erwartet. Das Umweltverhalten der Geschlechter spiegelt also immer auch gesellschaftliche Rollenbilder wider.

Diese Beobachtung ist auch die Grundlage des sogenannten Ökofeminismus. Hier lautet die Theorie, dass die strukturelle Ungleichheit zwischen Männern und Frauen in einem direkten Zusammenhang mit der Klimakrise steht. Natur und Frauen würden gleichermaßen innerhalb eines kapitalistischen Patriarchats ausgebeutet werden, das Männer wie Putin, Trump, Erdogan und Bolsonaro an seine Spitze stellt. Gleichzeitig sind es am Ende besonders Frauen, die unter der Zerstörung der Umwelt leiden. Sie sind sehr viel stärker von Armut betroffen und leben häufiger in unsicheren Verhältnissen. Weltweit sind 70 Prozent der Menschen, die unter der Armutsgrenze leben, Frauen –

was wiederum dazu führt, dass Krisen sie härter treffen. Außerdem sind ganze 80 Prozent der durch klimabedingte Katastrophen vertriebenen Menschen weltweit sind weiblich. Ein weiterer Grund, weshalb man die Themen Umwelt und Geschlecht kaum getrennt voneinander betrachten kann.

Für 72 % der FRAUEN und 58 % der MÄNNER spielt gute Ernährung eine große Rolle

Essen mindestens viermal pro Woche Fleisch:

30 % DER FRAUEN
57 % DER MÄNNER

Essen täglich Obst und Gemüse:

54 % DER FRAUEN
38 % DER MÄNNER

Jeder zweite Mann
ISST TÄGLICH FLEISCHPRODUKTE

FRAUEN ERNÄHREN SICH NACHHALTIGER

Legen Wert auf Bioprodukte

50 % DER FRAUEN
32 % DER MÄNNER

Legen Wert auf saisonale und regionale Produkte

83 % DER FRAUEN
74 % DER MÄNNER

Fleischessen ist furchtbar männlich. Das ist weniger eine Frage der Biologie als der gesellschaftlichen Erwartungen vom fleischfressenden und dauergrillenden Supermann vom Typ Arnold Schwarzenegger – der übrigens Veganer ist. Pro Woche essen deutsche Männer etwa ein Kilo Fleisch. Das ist mehr als doppelt so viel wie das, was Ernährungsexpert:innen empfehlen.

GESCHLECHTERVERTEILUNG BEI VEGETARIER:INNEN UND VEGANER:INNEN

Vegetarier:innen

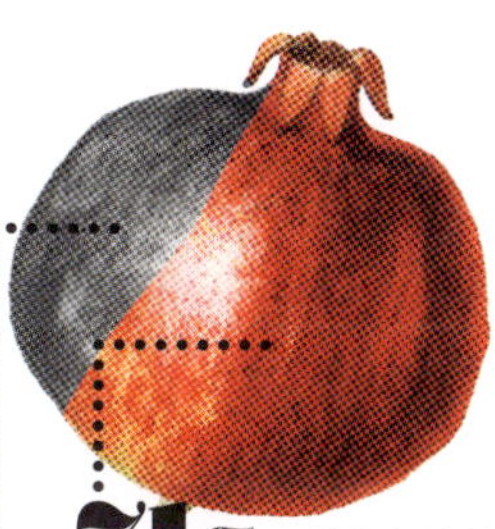

71 % FRAUEN
29 % MÄNNER

Veganer:innen*

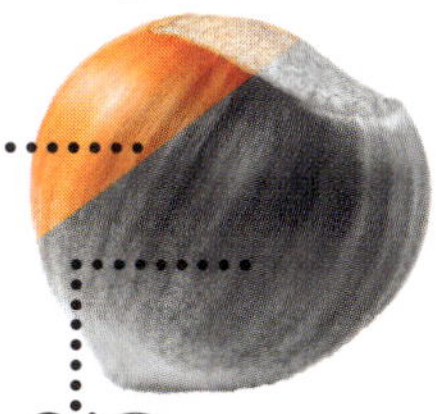

70 % FRAUEN
30 % MÄNNER

*Altersklasse 15–29, weil die Anzahl in älteren Jahrgängen nicht für aussagekräftige Statistiken ausreicht

Fleischkonsum ist politisch geworden. Besonders in der Generation Fridays for Future finden sich viele Vegetarier:innen und Veganer:innen. Das lässt hoffen, dass die unter 30-Jährigen Fleischessen als Symbol für Männlichkeit langsam ablösen können.

Männer, die lieber Cocktails als Bier trinken oder gar komplett auf Alkohol verzichten, müssen sich dafür meist rechtfertigen. Alkoholkonsum gilt immer noch als besonders männlich. Dabei ist dieses Männlichkeitsbild weder gesund noch besonders sympathisch.

ALKOHOLABHÄNGIGE

MÄNNER 71%

29% FRAUEN

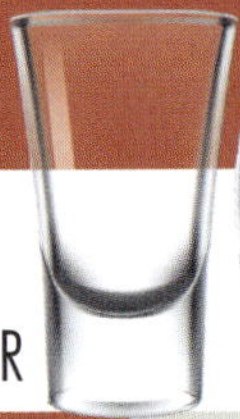

RAUSCHTRINKEN MINDESTENS EINMAL IN 30 TAGEN

25% DER FRAUEN 43% DER MÄNNER

RAUCHEN TÄGLICH

17% DER MÄNNER

13% DER FRAUEN

CANNABISABHÄNGIGE

23% FRAUEN

77% MÄNNER

HABEN DIESE DROGE MINDESTENS EIN MAL IN ZWÖLF MONATEN GENOMMEN

	Männer	Frauen
Cannabis	8,9 %	5,3 %
Amphetamine	1,5 %	0,9 %
Ecstasy	1,2 %	1,0 %
LSD	0,5 %	0,1 %
Heroin/Opiate	0,5 %	0,4 %
Kokain/Crack	1,4 %	0,8 %
Halluzinogene Pilze	0,6 %	0,2 %

■ MÄNNER ■ FRAUEN

MÄNNER **haben ca. 7,5-mal so häufig ein pathologisches Glücksspielverhalten wie** FRAUEN

COMPUTERSPIEL- UND INTERNETBEZOGENE STÖRUNG BZW. PROBLEMATISCHE NUTZUNG

Bei 12- bis 17-Jährigen

10 % DER MÄDCHEN

7 % DER JUNGEN

Bei 18- bis 25-Jährigen

6 % DER FRAUEN

5 % DER MÄNNER

DER FRAUEN 71%

DER MÄNNER 59%

FINDEN DEN UMWELT- UND KLIMASCHUTZ SEHR WICHTIG

61% DER FRAUEN

52% DER MÄNNER

VERZICHTEN AUF PLASTIK, WENN ES MÖGLICH IST

SCHÄTZEN UMWELTBELASTUNG ALS PROBLEMATISCH EIN*

65% DER FRAUEN

56% DER MÄNNER

FÜRCHTEN SICH VOR DEM KLIMAWANDEL

45% DER FRAUEN

38% DER MÄNNER

*in der Schweiz

KONSUM

MÄNNER VERURSACHEN **16 %*** MEHR KLIMASCHÄDLICHE EMISSIONEN DURCH IHREN KONSUM

Männer geben 70 %* mehr Geld als Frauen für treibhausgasintensive Produkte wie Benzin und Diesel aus

* in Schweden

70 % der Protestierenden beim weltweiten Klimastreik 2019 waren Frauen

FRAUEN WÄHLEN GRÜNER

ANTEIL FRAUEN UNTER DEN GRÜNENWÄHLER:INNEN

BUNDESTAGSWAHL 2021

Männer **47 %**
Frauen **53 %**

EUROPAWAHL 2019

Männer **43 %**
Frauen **57 %**

BUNDESTAGSWAHL 2017

Männer **43 %**
Frauen **57 %**

Obwohl Männer häufiger als Frauen die Verursacher:innen von Verkehrsunfällen sind, werden Frauen mit höherer Wahrscheinlichkeit bei einem Unfall verletzt (+47 %) oder getötet (+17 %). Autos scheinen für Frauen nicht gleichermaßen sicher zu sein. Doch woran liegt das? Seit 1960 wird mithilfe von Crash Test Dummies die Sicherheit von Fahrzeugen verbessert. Allerdings ist dieser Dummy an den männlichen Körper angepasst. Er ist, wie ein durchschnittlicher Mann, 1,77 Meter groß und 75,5 Kilogramm schwer. Damit sind sowohl Frauen als auch Menschen mit Behinderung lange von den Sicherheitstests ausgeschlossen worden. Seit ca. zehn Jahren gibt es zwar auch einen weiblichen Dummy, der wird aber nur in einem von fünf EU-Crashtests für die Zulassung neuer Modelle verwendet – und das natürlich nur auf der Beifahrerseite.

IM STRASSENVERKEHR VERUNGLÜCKTE

FRAUEN 44 %

MÄNNER 56 %

TÖDLICH VERUNGLÜCKTE

FRAUEN 25 %

MÄNNER 75 %

AN AUTOUNFÄLLEN BETEILIGTE

MÄNNER 59 %

FRAUEN 41 %

BLOSS BEIFAHRER:INNEN BEI AUTOUNFÄLLEN

DER FRAUEN
33 %

DER MÄNNER
21 %

HAUPTSCHULDIGE AN AUTOUNFÄLLEN, AN DENEN SIE BETEILIGT WAREN, SIND

DER FRAUEN
53 %

DER MÄNNER
58 %

SO VIEL PROZENT DER AN AUTOUNFÄLLEN BETEILIGTEN PERSONEN STERBEN, WENN DER:DIE HAUPTSCHULDIGE

EINE FRAU IST **0,04 %**

EIN MANN IST **0,08 %**

TODESOPFER BEI VERKEHRSUNFÄLLEN

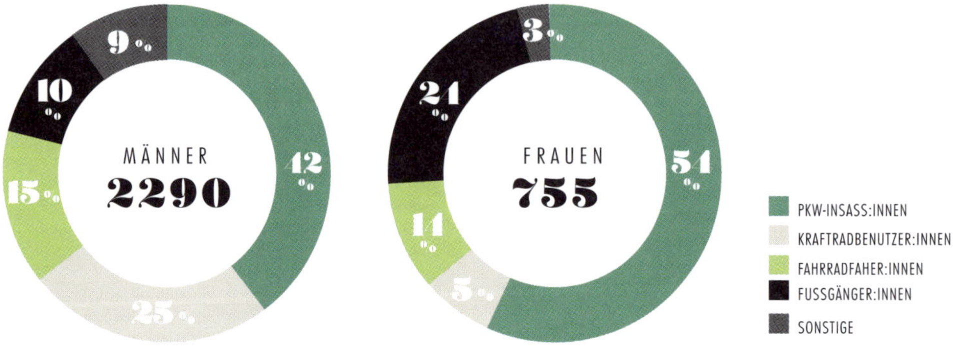

BESITZEN EINEN FÜHRERSCHEIN

79 %
DER FRAUEN

85 %
DER MÄNNER

IM DURCHSCHNITT LEGEN …

FRAUEN
31 km
UND
MÄNNER
33 km
pro Tag mit dem Auto zurück

77 % der im Fahreignungsregister* eingetragenen Fahrer:innen sind
MÄNNER

*Ordnungswidrigkeiten, die die Sicherheit im Straßenverkehr beeinträchtigen und mit einem Bußgeld ab 60 € geahndet werden, aber auch Straftaten im Straßenverkehr haben einen Eintrag im Fahreignungsregister zur Folge.

LEGEN BEI IHREM AUTO WERT AUF BESCHLEUNIGUNG

29% DER FRAUEN

54% DER MÄNNER

HABEN PUNKTE IN FLENSBURG

3% DER FRAUEN

7% DER MÄNNER

ZUSÄTZLICHE VERLETZUNGSWAHRSCHEINLICHKEIT VON FAHRERINNEN IM VERGLEICH MIT FAHRERN BEI EINEM UNFALL

UNTERSCHIEDLICHE PREISE FÜR FRAUEN UND MÄNNER

KURZHAARSCHNITT
13 €

REINIGUNG BLUSE/HEMD
1,80 €

PARFÜM
19 €

RASIERKLINGEN
0,50 €

DUSCHGEL
4 €

… ZAHLEN FRAUEN MEHR

NUTZUNG DATINGPORTAL
28 €

EINTRITT DISKOTHEKEN
6 €

… ZAHLEN MÄNNER MEHR

SO VIELE ARTEN VON DIENSTLEISTUNGEN SIND TEURER FÜR FRAUEN/MÄNNER.

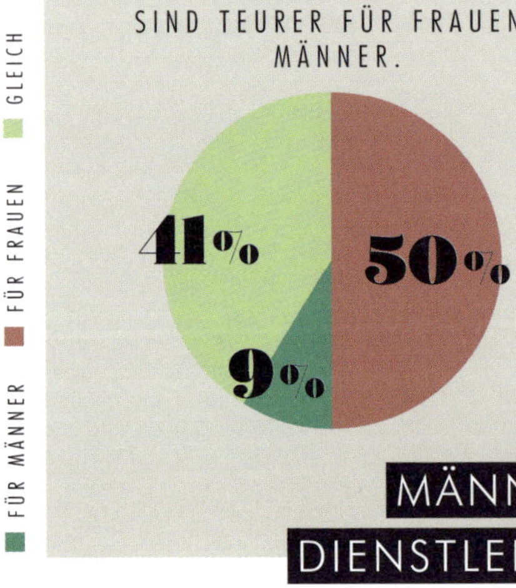

Durchschnittlicher geschlechtsspezifischer Preisaufschlag für Dienstleistungen, bei denen das jeweilige Geschlecht mehr zahlt

+13,80 €

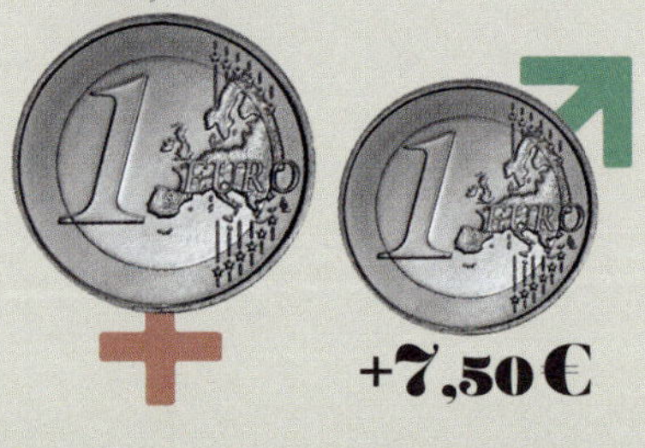

+7,50 €

MÄNNER UND FRAUEN ZAHLEN FÜR DIENSTLEISTUNGEN NICHT GLEICH VIEL

89 % der Friseur:innen bieten unterschiedliche Preise für MÄNNER und FRAUEN bei vergleichbaren Kurzhaarschnitten an.

BEI 60 % DER DIENSTLEISTUNGEN WIRD PREISLICH ZWISCHEN FRAUEN UND MÄNNERN UNTERSCHIEDEN

BEI 4 % ALLER PRODUKTE GIBT ES UNTERSCHIEDLICHE PREISE FÜR MÄNNER UND FRAUEN

Gender Pricing bedeutet, dass Produkte und Dienstleistungen bei ähnlichen oder vergleichbaren Angeboten je nach Geschlecht unterschiedliche Preise haben. In den meisten Fällen zahlen Frauen drauf, daher wird die Preisdifferenz auch Pink Tax genannt. In New York und Kalifornien gilt Gender Pricing offiziell als diskriminierend und ist verboten.

GENDER MARKETING BEI KINDERN

64 % DES SPIELZEUGES FÜR KINDER WIRD FÜR JUNGEN UND MÄDCHEN STARK UNTERSCHIEDLICH VERMARKTET

NUR **17 %** DER ELTERN BEFÜRWORTEN, DASS SPIELZEUG FÜR JUNGEN UND MÄDCHEN AN DAS GESCHLECHT ANGEPASST WIRD

16 % GÜNSTIGER IST SPIELZEUG, DAS SPEZIELL FÜR JUNGEN VERMARKTET WIRD*

*bei vergleichbaren Produkten für Mädchen

Studien zeigen, dass Kinder schon früh Geschlechterstereotype wahrnehmen und sich durch diese beschränkt fühlen. 74 % der Jungen und 62 % der Mädchen glauben, dass bestimmte Aktivitäten nur für Mädchen oder nur für Jungen gedacht sind. Bei einem Blick in deutsche Spielzeugregale verwundert das wenig. Da gibt es Küchen, Pferde, rosa Puppen und Bastelzubehör für Mädchen und blaue Abenteuerwelten für Jungen.

DEM DEUTSCHEN VOLKE

4

Politik & Macht

Angela Merkel ist also doch Feministin. Zum Ende ihrer Amtszeit hat die Ex-Kanzlerin sich endlich entschieden. Vor einigen Jahren war sie noch vorsichtiger und wollte »sich nicht mit fremden Federn schmücken«. Immerhin ein indirektes Kompliment an die Feministinnen, die so hart gekämpft haben, damit Frauen eine gleichberechtigte Teilhabe an Politik und Gesellschaft möglich ist – und so überhaupt Bundeskanzlerin werden können. Auf dem Weg dahin mussten Politikerinnen einiges aushalten. Für Frauenanliegen gab es damals viel Gegenwind, Sexismus gehörte zum Arbeitsalltag dazu. Trotzdem schafften Feministinnen es, Meilensteine wie das Gesetz zur Gleichbehandlung am Arbeitsplatz 1980 sowie das Verbot von Vergewaltigung in der Ehe 1997 durchzusetzen. Viel zu tun ist trotzdem noch: Auch wenn Sexismus nicht mehr klaglos hingenommen wird, erleben immer noch vier von zehn Politikerinnen im Rahmen ihrer Tätigkeit sexuelle Belästigung. Statistiken zeigen auch, dass ihre Redebeiträge häufiger unterbrochen werden und ihre Themen als weniger wichtig angesehen werden. Fast die Hälfte der Politikerinnen bezeichnet

Politik immer noch als eine Männerdomäne. Und das ist wenig verwunderlich. Zurzeit sind Frauen auf allen politischen Ebenen unterrepräsentiert. Auch der Frauenanteil im Bundestag spricht für sich: Der ist mit gerade einmal 35 Prozent auf dem zweithöchsten Stand in der gesamten Geschichte des deutschen Bundestags. Ziemlich armselig. Denn solange Frauen in der Politik nicht ihrem Bevölkerungsanteil entsprechend vertreten sind, werden ihre Interessen nachrangig behandelt. Das führt beispielsweise dazu, dass während der Corona-Pandemie sehr viel über das Schicksal von Fluggesellschaften und Automobil-Herstellern diskutiert und diese mit Milliarden unterstützt wurden, während Familien und besonders Frauen zu Hause zwischen Kinderbetreuung, Homeoffice und Homeschooling aufgerieben wurden – und es für diese Dreifachbelastung über Monate hinweg keinerlei Lösungsansatz gab.
Familien- und Frauenpolitik wird offensichtlich stiefmütterlich behandelt. Das Ressort wurde in den letzten Jahren im Kabinett herumgereicht wie eine heiße Kartoffel. Sechs verschiedene Ministerinnen haben seit 2017 am Schreibtisch des Ministeriums gesessen. Während dieser kurzen Amtszeiten zwischen Manuela Schwesig und der neuen Frauenministerin Lisa Paus hatten Frauen und Familien keine starke Lobby in der Politik. Und das mit schwerwiegenden Folgen. Denn Belange, die im Frauen- und Familienministerium beschlossen werden, tangieren früher oder später sehr direkt jeden einzelnen Menschen in der Gesellschaft. Egal ob in der Jugend, bei der Familiengründung oder später im Alter.
Junge Familien befinden sich aktuell eigentlich bereits ab der Schwangerschaft in einem Modus des anhaltenden Entsetzens angesichts maroder Strukturen. Das fängt an mit dem Hebammenmangel, geht über in die verzweifelte Suche nach einem Termin bei völlig überlasteten Gynäkolog:innen, bis hin zur Geburt in Krankenhäusern mit Personalmangel. Es folgt die ewige Suche nach Kinderärzt:innen, die trotz Überfüllung kleine Neupatient:innen aufnehmen, schließlich die nahezu unmöglichen Aufgaben, einen Kitaplatz und später eine weiterführende Schule zu finden. Jeder einzelne dieser Aspekte ist geprägt von Mangel und führt zu der Frage, warum man sich diesen drängenden Baustellen in der Politik nicht konsequenter annimmt. Doch schließlich sind es am Ende meistens wieder die Frauen, die ihre Zeit opfern, um diese Probleme individuell für ihre Familien zu lösen.

Es bleibt fraglich, ob Frauen es heute wirklich leichter hätten, wenn Angela Merkel sich bereits zu Beginn ihrer Amtszeit dafür entschieden hätte, Feministin zu sein und ihre Legislaturperiode stärker genutzt hätte, um den Frauenanteil in der Politik zu erhöhen und Frauenbelange auf der Agenda nach oben zu schieben. Auch sie ist ein Beispiel dafür, dass eine Frau in einer Führungsposition noch nicht automatisch Gleichberechtigung schafft. Und die wird sich ohne Unterstützung aus der Politik auch in der nächsten Legislaturperiode unter Olaf Scholz nicht einstellen – allerdings bezeichnet Olaf sich immerhin als Feminist.

Was sich heute selbstverständlich anfühlt, war ein langer Kampf, den die Frauen jedes Landes individuell ausfechten mussten. Dabei stießen sie auf unterschiedlich großen Widerstand. In Finnland beispielsweise wurde das Wahlrecht 1906 sofort für beide Geschlechter eingeführt. Andere Länder wie die Schweiz brauchten dagegen etwas länger. Hier dürfen Frauen erst seit 1971 wählen – was damals durch eine Volksabstimmung unter der männlichen Bevölkerung entschieden wurde. Ein langer Prozess! Immerhin hat der Kampf um das Frauenwahlrecht in Europa schon etwa 200 Jahre früher, während der Französischen Revolution, begonnen. Übrigens bedeutete die Einführung des Frauenwahlrechts nicht immer, dass alle Frauen eines Landes eine Stimme bekamen. Das Frauenwahlrecht in den USA galt beispielsweise nicht für Schwarze Frauen. Sie mussten noch bis 1965 auf ihr demokratisches Grundrecht warten. Und auch in Frankreich mussten Schwarze Frauen am längsten aufs Wählen verzichten. Sie durften erst 96 Jahre nach Schwarzen Männern an die Wahlurnen.

GRIECHENLAND
1952 | 1844 | 1844
IRAN
1963
1906
1906
DÄNEMARK
1915 | 1849
1849
NEUSEELAND
1893 | 1879 | 1879
AFGHANISTAN
2004 | 2004
2004
ITALIEN
1945
1912
1912
FRANKREICH
1944 | 1848 | 1848
AUSTRALIEN
1902 | 1901
1967
NORWEGEN
1913 | 1898
1913
DEUTSCHLAND
1919 / 1871
1919
ÖSTERREICH
1918 | 1896
1907
SCHWEIZ
1971 / 1848
1866
HIER HABEN FRAUEN NOCH KEIN WAHLRECHT
Vatikanstadt

1998 **30,9%**

2017 **30,7%**

2021 **34,8%**

WEIBLICHE BUNDESTAGSABGEORDNETE

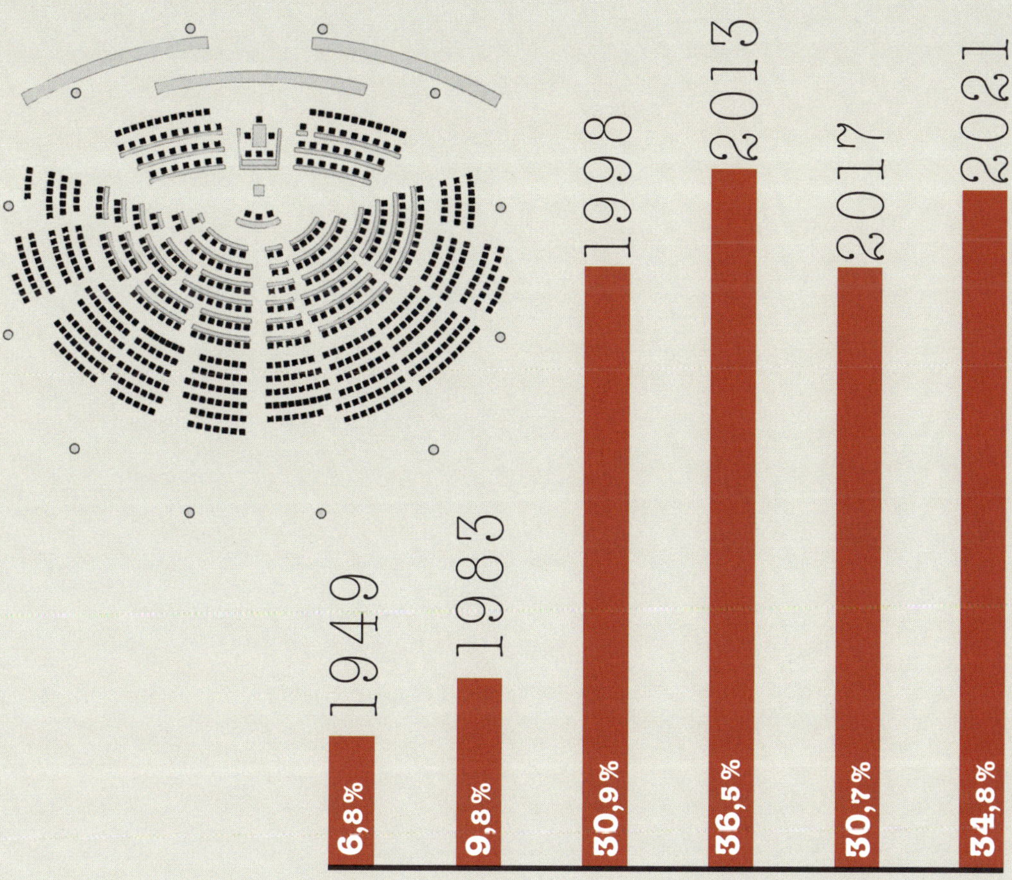

WEIBLICHE BUNDESTAGSABGEORDNETE

Unterschiedliche Geschlechter, unterschiedliche Themen: Manche Probleme betreffen Frauen stärker als Männer. Damit diese auf politischer Ebene gesehen und gelöst werden können, brauchen Frauen und ihre Belange eine starke Stimme. Solange allerdings 65 % der Abgeordneten im Deutschen Bundestag Männer sind, ist sie sehr wahrscheinlich nicht stark genug. Dieses Prinzip gilt natürlich auch für Menschen mit Migrationshintergrund und Nicht-Akademiker:innen.

»Politik ist eine viel zu ernste Sache, als dass man sie allein den Männern überlassen könnte.«

– Käte Strobel

NEBENEINKÜNFTE VON BUNDESTAGSABGEORDNETEN

Bundestagsabgeordnete dürfen Nebentätigkeiten nachgehen, solange ihr Mandat im Mittelpunkt steht. So lautet die gesetzliche Regelung. Nebeneinkünfte über 1000 Euro im Monat bzw. über 3.000 Euro im Jahr sind allerdings meldepflichtig, um mögliche Interessenkonflikte transparent zu machen.

Schaut man sich die gemeldeten Nebeneinkünfte von Bundestagsabgeordneten an, fällt auch hier ein eklatanter Unterschied zwischen männlichen und weiblichen Abgeordneten auf. Zwar sind Männer im Bundestag sowieso in der Überzahl. Wenn es um etwaige Nebeneinkünfte geht – besonders um die hohen Summen –, machen Männer aber über 80 % der Verdienenden aus. Dabei ist das Thema heikel. Lobbyismus-Skandale in der Vergangenheit zeigen, dass die fehlende Trennung von Mandat und anderweitiger beruflicher Tätigkeit zum Missbrauch des politischen Einflusses führen können. Vor allem in wirtschaftsnahen Parteien mit einem hohen Männeranteil unter den Abgeordneten finden sich viele Politiker:innen, die Nebeneinkünfte angeben.

GEMELDETE EINKÜNFTE IN DER LEGISLATURPERIODE 2017–2021

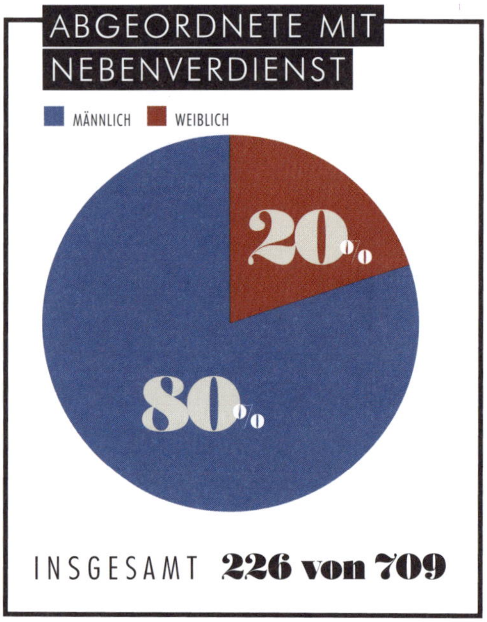

HÖHE DER DURCHSCHNITTLICHEN NEBENEINKÜNFTE

FRAUEN **89.000 €**

MÄNNER **171.000 €**

4 FRAUEN **sind unter den 30 Politiker:innen mit den höchsten Nebeneinkünften.**

ANTEIL DER ABGEORDNETEN MIT NEBENEINKÜNFTEN NACH PARTEI

CSU: **51 %**
CDU: **37 %**
FDP: **51 %**
SPD: **26 %**
AfD: **24 %**
Linke **21 %**
Grüne: **15 %**

FRAUENANTEIL DER FRAKTIONEN IM BUNDESTAG

Union: **20 %**
FDP: **23 %**
SPD: **42 %**
AfD: **11 %**
Linke: **54 %**
Grüne: **58 %**

Anzahl der Staatssekretärinnen auf Bundesebene bis 2021: 19

ANZAHL DER STAATSSEKRETÄRE MIT DEN NAMEN ...

Hans: **24** | Karl : **18** | Klaus: **15** | Walter: **14** | Günther: **13**

2021 SIND **3** VON **16** MINISTERPRÄSIDENT:INNEN WEIBLICH

BIS 2021 HAT ES INSGESAMT NUR **8** MINISTERPRÄSIDENTINNEN GEGEBEN

Durchschnittlicher Frauenanteil in den Landesregierungen: 40 %

FRAUENANTEIL STAATSSEKRETÄR:INNEN, STAATSRÄT:INNEN, MINISTERIALDIREKTOR:INNEN DER LÄNDER DURCHSCHNITTLICH: **32 %**

FRAUENANTEIL IN DEN LANDESPARLAMENTEN UND LANDESREGIERUNGEN 2021

Hamburg **44 %**
Bremen **37 %**
Hessen **34 %**
Saarland **33 %**
Berlin **33 %**
Brandenburg **32 %**
Rheinland-Pfalz **32 %**
Schleswig-Holstein **32 %**
Thüringen **31 %**
Baden-Württemberg **29 %**
Niedersachsen **29 %**
Sachsen-Anhalt **28 %**
Sachsen **28 %**
Nordrhein-Westfalen **28 %**
Bayern **27 %**
Mecklenburg-Vorpommern **24 %**

Durchschnittlicher Frauenanteil in den kommunalen Parlamenten

28 %

In Deutschland unterteilt sich die Zuständigkeit der Staatsführung in die Bundes- und die Länderebene. Während der Bund Entscheidungen für Gesamtdeutschland trifft, befasst sich die Länderpolitik mit den Belangen des jeweiligen Bundeslandes. Hier gibt es dann auch noch die Kommunalpolitik – die Politik in Städten, Kreisen und Gemeinden.
Die Chef:innen der Landesregierungen sind die Ministerpräsident:innen. Während der:die Ministerin das jeweilige Land im Bundesrat vertritt und richtungsweisende Entscheidungen trifft, wird die Organisation und die innere Leitung der einzelnen Ministerien des Landes von den Staatssekretär:innen übernommen. Diese Posten sind deswegen entscheidend für die Durchsetzung politischer Vorhaben.

FRAUENANTEIL AN DEN OBERSTEN BUNDESGERICHTEN*: **32 %**

*ohne Bundesverfassungsgericht

FRAUENANTEIL IN DEN KOMMUNALEN PARLAMENTEN JE NACH BEVÖLKERUNGSDICHTE

EINWOHNER:INNEN JE KM²

< 150: **23 %**
151–200: **25 %**
201–250: **27 %**
251–500: **29 %**
501–1000: **32 %**
1001–1500: **34 %**
1501–2000: **37 %**
> 2000 **38 %**

AN FRAUEN WERDEN IN DER POLITIK ANDERE ERWARTUNGEN GESTELLT, SAGEN

36 % DER POLITIKER

65 % DER POLITIKERINNEN

AN FRAUEN WERDEN ANDERE ERWARTUNGEN GESTELLT, SAGEN

POLITIKERINNEN UNTER 45: **75 %**

POLITKERINNEN AUF BUNDESEBENE: **79 %**

POLITKERINNEN AUF LANDESEBENE: **73 %**

ANDERE POLITIKER:INNEN ERWARTEN, DASS FRAUEN IN DER POLITIK

DER POLITIKERINNEN | DER POLITIKER

- … überdurchschnittlich viel leisten, finden **43 %**; **20 %**
- … nicht die Konfrontation suchen, sondern sich um Ausgleich bemühen, finden **39 %**; **14 %**
- … sich auf bestimmte Themen wie Integration, Familie, Soziales, Umwelt spezialisieren, finden **37 %**; **14 %**
- … eine attraktive Erscheinung haben, finden **30 %**; **10 %**

SIND FÜR EINE FRAUENQUOTE IN DEN PARTEIEN

72 %
DER POLITIKERINNEN

41 %
DER POLITIKER

FRAUEN HABEN BESSERE CHANCEN, IN IHRER PARTEI AUFZUSTEIGEN UND KARRIERE ZU MACHEN, SAGEN

4 % DER POLITIKERINNEN

30 % DER POLITIKER

»ALS EINZELNE WIRKT DIE FRAU WIE EINE BLUME IM PARLAMENT, ABER IN DER MASSE WIE UNKRAUT.«

– Michael Horlacher, CSU

»Wir haben weder etwas gegen alte Frauen. Wir haben auch nichts gegen junge Frauen; sie schauen sich zum Teil ganz passabel an.«

– Heiner Geißler, CDU

»IN DIESEM KREIS SIND AUCH SIE EIN HERR«

– Konrad Adenauer (CDU) zu Elisabeth Schwarzhaupt, Ministerin im Bundestag

»Ich denke gerne daran, Linda, dass wir in den vergangenen 15 Monaten (…) ungefähr 300-mal den Tag zusammen begonnen haben.«

– Christian Lindner, FDP

NEGATIVE ERFAHRUNGEN IN DER POLITIK

■ DER POLITIKERINNEN
■ DER POLITIKER

- Frauen werden in Diskussionen häufiger unterbrochen als Männer, finden **48 %**; **16 %**
- Frauen haben weniger Chancen, interessante Aufgaben oder Positionen zu bekommen, finden **35 %**; **18 %**
- Ich muss mich als Mann/Frau deutlich mehr anstrengen, um etwas zu erreichen, finden **40 %**; **13 %**
- Meine Redebeiträge wurden häufiger nicht ernst genommen **26 %**; **12 %**
- Ich höre oft, dass ich zu emotional sei **16 %**; **9 %**
- Häufig wird mein Äußeres thematisiert und ich werde danach beurteilt **16 %**; **7 %**
- Ich kenne Frauen, die sexuell belästigt wurden, sich aber nicht getraut haben, etwas dagegen zu unternehmen **14 %**; **9 %**

40 % aller POLITIKERINNEN und 60 % der Politikerinnen unter 45 wurden schon mal im Rahmen ihrer politischen Tätigkeit sexuell belästigt

SIND IN SOZIALEN NETZWERKEN WIEDERHOLT OPFER SEXISTISCHER ANGRIFFE ODER KOMMENTARE GEWORDEN

Politikerinnen insgesamt 17 %
Politikerinnen mit Migrationshintergrund 21 %
Politikerinnen unter 45 Jahren 36 %
Politiker insgesamt 3 %

»Wer keine Eier hat, sollte nicht regieren«

– Enrico Komning, AFD

WIESO GIBT ES WENIGER FRAUEN IN POLITISCHEN POSITIONEN?

■ DER POLITIKERINNEN ■ DER POLITIKER

Angela Davis

- Die Themen, für die sich Frauen engagieren, werden häufig als weniger wichtig angesehen, finden **55 %**; **32 %**
- Die Politik ist nach wie vor eine Männerdomäne, das schreckt Frauen ab, finden **47 %**; **35 %**
- Es gibt zu wenig verbindliche Regeln und Quoten in den Parteien, finden **45 %**; **25 %**
- Es gibt weniger weibliche Vorbilder in der Politik, finden **39 %**; **25 %**
- Es interessieren sich deutlich mehr Männer als Frauen für Politik, finden **38 %**; **54 %**
- Frauen werden bei Nominierungen für Wahlkreise benachteiligt, finden **36 %**; **18 %**

FINDEN ES SEHR WICHTIG, DEN FRAUENANTEIL IN VERANTWORTLICHEN POSITIONEN ZU ERHÖHEN

36 % DER POLITIKER

73 % DER POLITIKERINNEN

Männer haben bessere Chancen, in ihrer Partei aufzusteigen, sagen

45 % DER POLITIKERINNEN

13 % DER POLITIKER

STIMMEN ZU, DASS DIE EIGENE PARTEI SICH SEHR STARK BEMÜHT, DEN FRAUENANTEIL IN VERANTWORTLICHEN POSITIONEN ZU ERHÖHEN

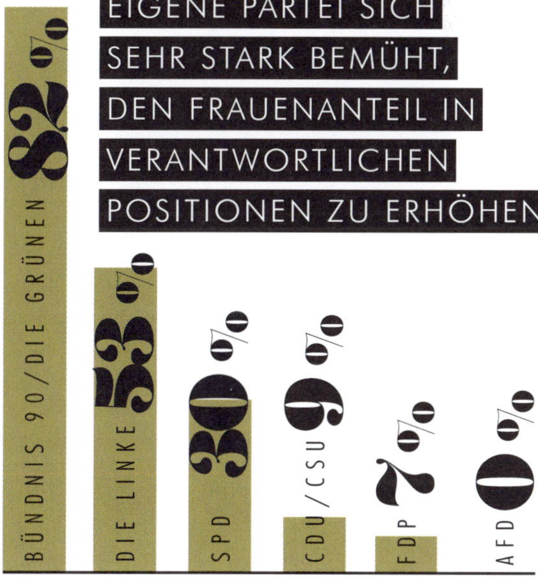

Ohne Frauen wäre Donald Trump 2020 wieder US-Präsident geworden und die AfD hätte einige Sitze mehr im Deutschen Bundestag. Frauen wählen anders als Männer. Und zwar tendenziell grüner und sozialer, während Männer ihre Stimmen häufiger für rechte Parteien abgeben. Dieses Phänomen wird als ideologischer Gender Gap bezeichnet.

SO HABEN FRAUEN UND MÄNNER BEI DER BUNDESTAGSWAHL 2021 GEWÄHLT

	MÄNNER	FRAUEN
SPD	48%	52%
CDU/CSU	50%	50%
DIE GRÜNEN	47%	53%
FDP	57%	43%
AFD	60%	40%
LINKE	50%	50%

FRÜHER WÄHLTEN FRAUEN KONSERVATIVER

Ideologische Selbsteinschätzung von Männern und Frauen von 1973–2018

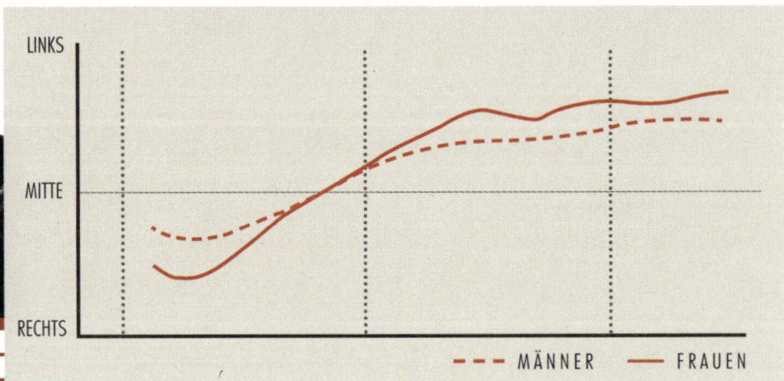

HEUTE WÄHLEN BESONDERS MÄNNER RECHTS

AFD-WÄHLER:INNEN BEI LANDTAGS-
WAHLEN, IN DENEN DIE AFD BESONDERS
VIELE STIMMEN ERHALTEN HAT

Sachsen-Anhalt
26% MÄNNER
16% FRAUEN
2021

Sachsen
32% MÄNNER
22% FRAUEN
2019

Brandenburg
30% MÄNNER
19% FRAUEN
2019

Thüringen
28% MÄNNER
17% FRAUEN
2019

ABSTIMMUNG ÜBER ENGLANDS AUSTRITT AUS DER EU

MÄNNER
Pro Ausstieg: **55%**
Contra Ausstieg: **45%**

FRAUEN
Pro Ausstieg: **49%**
Contra Ausstieg: **51%**

ANTEIL DER STIMMEN FÜR DONALD TRUMP BEI DER US-WAHL 2016

FRAUEN
43%

MÄNNER
53%

Hannah Arendt
170

5

Bildung & Forschung

Der Frauenmangel in der Forschung hat weitreichende gesellschaftliche Konsequenzen. Denn in der Forschung werden Daten erhoben, Innovationen entwickelt und der gesellschaftliche Fortschritt vorangetrieben. Fehlen Frauen an dieser zentralen Stelle, wird auch die Gesellschaft von Morgen größtenteils für Männer gestaltet sein. Forscher:innen arbeiten heute in sämtlichen gesellschaftlich relevanten Bereichen. Besonders in der Wirtschaft ist ihre Expertise ein wichtiger Motor für Entwicklung und Veränderung. Große Unternehmen wie Amazon, Apple und Facebook stützen ihre Entwicklung auf Forschungsergebnisse aus der Wissenschaft und haben sogar eigene Forschungsgruppen. Entwickler:innen für solche Unternehmen sind außerdem größtenteils hoch qualifizierte Universitätsabsolvent:innen. Daraus folgt: Wenn zum Beispiel im Studiengang Informatik Frauen unterrepräsentiert sind, so sind sie es auch in der Wirtschaft. Fehlen Frauen aber an diesen Stellen, hat das teils skurrile Auswirkungen. Apple beispielsweise präsentierte 2014 eine App, die versprach, »alle wichtigen Körperfunktionen überwachen« zu können. Allerdings waren damit wohl nur die wichtigen Funktionen des männlichen Körpers gemeint. Der Menstruationszyklus wurde nämlich komplett vergessen. Wenn eine Frau an der Entwicklung der App beteiligt gewesen wäre, wäre das wahrscheinlich nicht passiert und die App hätte ihr Versprechen, ebenfalls für die andere Hälfte der Bevölkerung einhalten können.

Auch die Politik ist auf Beratung aus der Wissenschaft angewiesen. Basierend auf Empfehlungen aus der Forschung konnte beispielsweise im Dritten Gleichstellungsbericht des Familienministeriums 2021 festgestellt werden, dass Algorithmen aufgrund ihres Potenzials, diskriminierend zu sein, gesetzlich reguliert werden müssen. Denn die Algorithmen, die große Unternehmen wie zum Beispiel Facebook nutzen, sind häufig sogenannte Machine Learning Algorithmen, die Strukturen in vorhandenen Daten erkennen und daraus Vorschriften entwickeln. Dem Algorithmus liegt also keine Entscheidungsvorschrift zugrunde, die Entwickler:innen explizit vorgeben. Stattdessen wird den Algorithmen anhand einer großen Menge sogenannter Trainingsdaten, immer wieder die »richtige« Entscheidung vorgeführt, sodass sie diese lernen und nachmachen können. Sind diese Trainingsdaten voreingenommen, ist am Ende auch der Algorithmus voreingenommen. Und da solche Trainingsdaten in der Regel Daten sind, die unsere Welt widerspiegeln, geht Diskriminierung eben auch von Algorithmen aus. Amazon zum Beispiel entwickelte einen Algorithmus, der das Unternehmen bei der Auswahl von geeigneten Bewerber:innen unterstützen sollte. Da die Trainingsdaten des Systems Auswahlentscheidungen der Vergangenheit waren und diese mehrfach männlich ausgefallen sind, schlug der Algorithmus auch bei zukünftigen Bewerber:innen zumeist Männer vor. Das war so zwar nicht vorgesehen, aber der Algorithmus hat diese Diskriminierung direkt mitgelernt. Damit solche Mechanismen in Zukunft früher auffallen, braucht es diversere und weiblichere Perspektiven in Wissenschaft und Forschung.

Das Fundament dafür wird allerdings im Bildungssystem – und damit besonders an den Hochschulen gelegt. Studiengängen wie Informatik, Physik oder Ingenieurwissenschaften fehlt es aber schon an einem ausgeglichenen Geschlechterverhältnis unter den Lehrenden, sodass diese Studiengänge wahrscheinlich auch in Zukunft stark männlich dominiert bleiben werden. Denn wo weibliche Vorbilder an der Hochschule fehlen, fehlen auch Studentinnen, die später eventuell Dozentinnen werden wollen.

Hier könnte eine Frauenquote für Lehrpersonen an Universitäten helfen. Viele Universitäten und Fakultäten wehren sich aber immer noch vehement gegen eine solche Quote: In der Forschung sei es essenziell, dass Lehrpersonen allein aufgrund von Exzellenz ausgewählt würden. Das Geschlecht soll hier keine Rolle spielen. Nur spielt das Geschlecht leider ohne Quote sowieso schon eine Rolle. Allerdings in der Regel zugunsten der Männer. Denn auch wenn Forscher:innen das nicht wahrhaben wollen, auch sie sind nicht völlig unvoreingenommen und auch bei ihnen sitzen die

Geschlechterstereotype tief. Männer werden in vielen Bereichen bei Einstellungen ohne Quote statistisch gesehen immer noch gleich qualifizierten Frauen vorgezogen. Bei der Begutachtung von Forschungspapieren verhält es sich ähnlich: Artikel von Männern werden unabhängig von ihrer Qualität in vielen Forschungsbereichen mit höherer Wahrscheinlichkeit akzeptiert.

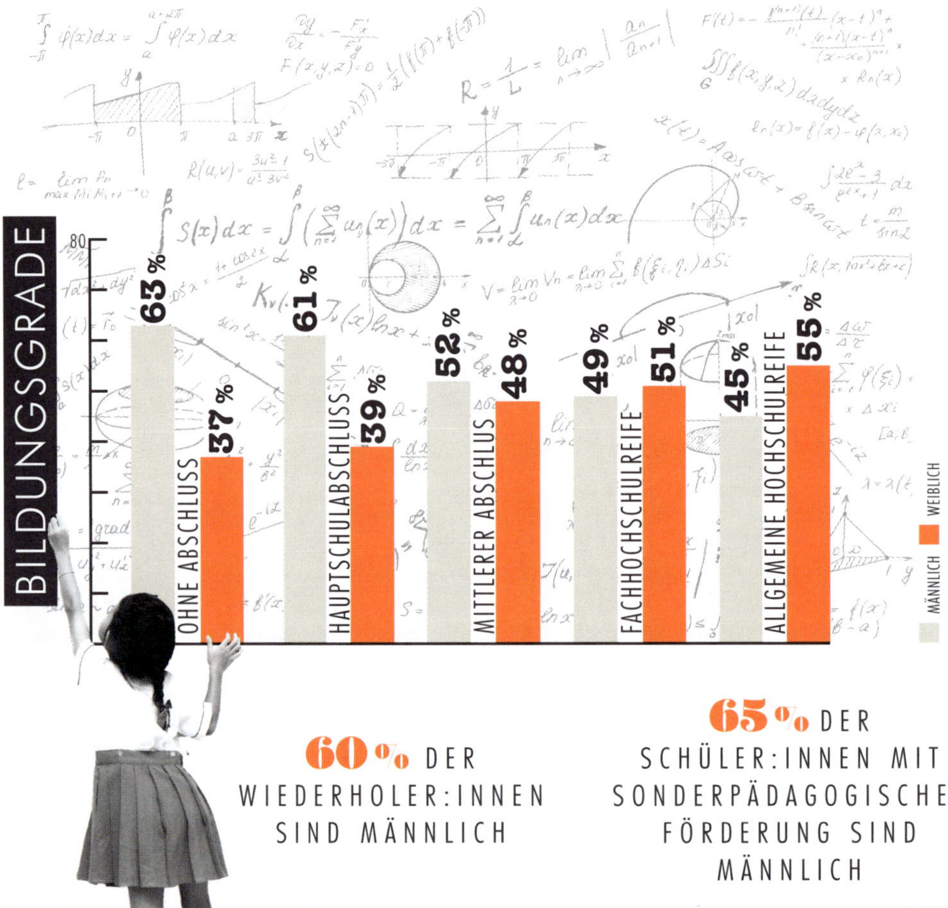

60 % DER WIEDERHOLER:INNEN SIND MÄNNLICH

65 % DER SCHÜLER:INNEN MIT SONDERPÄDAGOGISCHER FÖRDERUNG SIND MÄNNLICH

JUNGEN SIND ETWA **3-mal** HÄUFIGER VON EINER LESE- UND RECHTSCHREIBSCHWÄCHE BETROFFEN ALS MÄDCHEN

WAS VERDIENEN LEHRER:INNEN?

Schulleiter:innen an Gymnasien und Berufsschulen verdienen ca. 7500 bis 8000 Euro Brutto und sind zu 68 % MÄNNLICH

Grundschullehrer:innen verdienen beim Einstieg ca. 3800 Euro Brutto und sind zu 11 % MÄNNLICH

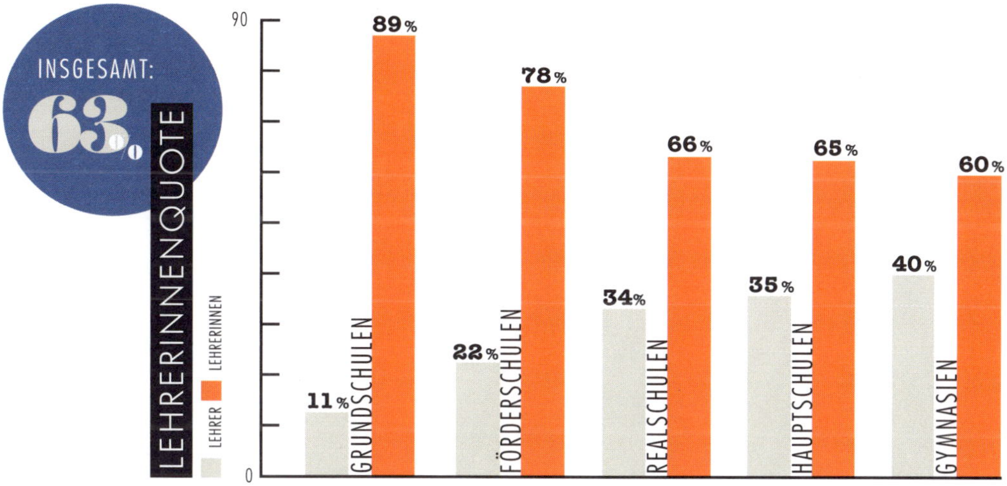

Mädchen haben nicht nur bessere Schulnoten, sondern auch die gleichen Fähigkeiten in Mathe wie Jungen. Dummerweise müssen Mädchen und Frauen, die sich für Mathe interessieren, damit leben, dass sie für weniger kompetent gehalten werden. Und dieses Vorurteil kann letztendlich zur selbsterfüllenden Prophezeiung werden und dazu führen, dass Frauen und Mädchen tatsächlich in Mathe schlechter abschneiden. Studien, in denen Kandidatinnen methodisch an ihr Geschlecht und die damit einhergehenden Stereotype »erinnert« werden (sogenanntes Priming), zeigen, dass Frauen unter diesen Bedingungen wesentlich schlechter in Mathetests abschneiden als die Kontrollgruppe, die beim Test nicht darüber nachdenken muss, dass »Frauen kein Mathe können«.

Nannie Helen Burroughs

FRAUENANTEIL IN DER AKADEMISCHEN LAUFBAHN

In der Wissenschaft und an den Hochschulen verringert sich der Frauenanteil, je höher es die Karriereleiter hinaufgeht. Sind unter den Hochschulabsolvent:innen noch über die Hälfte Frauen, dünnt sich ihr Anteil bis zu den Hochschuldirektor:innen weiter aus. Hier sind dann schließlich nur noch 23 % weiblich. Man vergleicht dieses Phänomen mit einem leckenden Rohr, der sogenannten Leaky Pipeline.

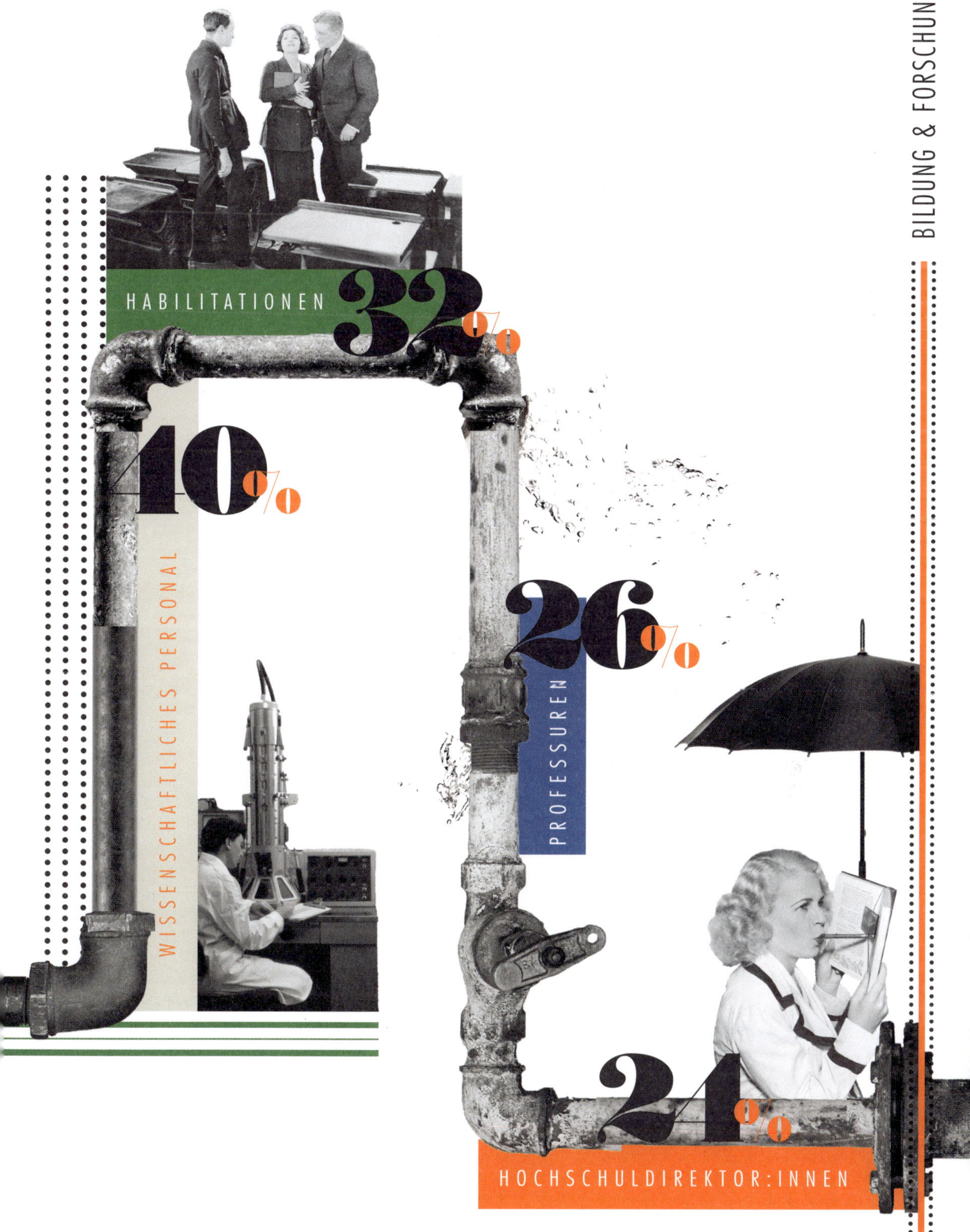
HABILITATIONEN
32%
40%
WISSENSCHAFTLICHES PERSONAL
26%
PROFESSUREN
24%
HOCHSCHULDIREKTOR:INNEN

BELIEBTESTE STUDIENFÄCHER

MÄNNER

1 BWL
2 MASCHINENBAU
3 INFORMATIK
4 ELEKTROTECHNIK
5 JURA
6 WIRTSCHAFTSWISSENSCHAFTEN
7 WIRTSCHAFTSINGENIEURWESEN
8 MEDIZIN
9 WIRTSCHAFTSINFORMATIK
10 PHYSIK

FRAUEN

1 BWL
2 GERMANISTIK
3 MEDIZIN
4 JURA
5 PÄDAGOGIK
6 ANGLISTIK
7 BIOLOGIE
8 WIRTSCHAFTSWISSENSCHAFTEN
9 PSYCHOLOGIE
10 MATHEMATIK

STUDIENANFÄNGER:INNEN IM ZEITLICHEN VERLAUF

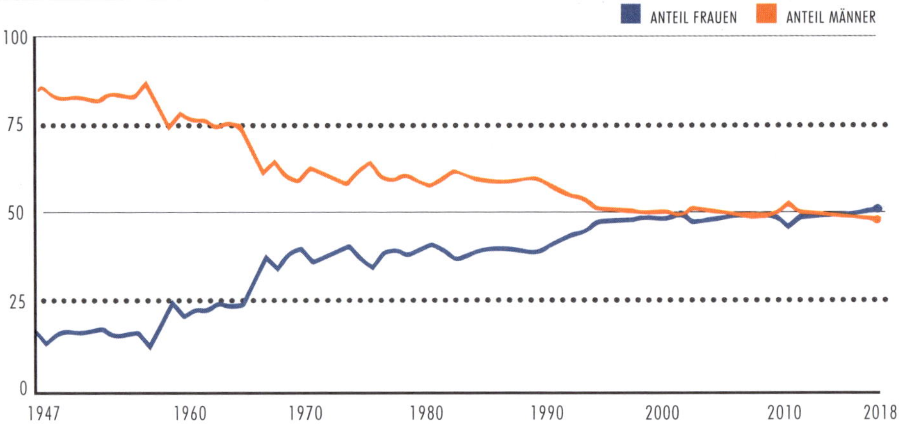

FRAUENANTEIL IN MINT-FÄCHERN

2020 **32 %**

2000 **28 %**

1980 **21 %**

FRAUENANTEIL BEI STUDIERENDEN

INSGESAMT: **50 %**

Geisteswissenschaften: **67 %**

Rechts-, Wirtschafts- und Sozialwissenschaften: **58 %**

Mathematik und Naturwissenschaften: **50 %**

Humanmedizin und Gesundheitswissenschaften: **68 %**

Ingenieurwissenschaften: **24 %**

Der Frauenanteil in Ingenieurwissenschaften ist von 2010 bis 2020 um 2 % gestiegen.

Dass der Frauenanteil in den Ingenieurwissenschaften keine Konsequenz aus genetischen Fakten ist, zeigt der Blick in andere Länder: Im Iran liegt der Frauenanteil bei ca. 70 %.

FRAUENANTEIL UNTER PROFESSOR:INNEN

INSGESAMT: **26 %**

Geisteswissenschaften: **39 %**

Rechts-, Wirtschafts- und Sozialwissenschaften: **31 %**

Mathematik und Naturwissenschaften: **20 %**

Humanmedizin und Gesundheitswissenschaften: **25 %**

Ingenieurwissenschaften: **14 %**

WISSENSCHAFTLICHE AUSZEICHNUNGEN

International

Der Nobelpreis wird in den Kategorien Physik, Chemie, Physiologie, Literatur, Frieden und Wirtschaftswissenschaften vergeben. Der Wirtschaftspreis wird aber nicht von Alfred Nobel selbst, sondern von der schwedischen Reichsbank in Gedenken an Alfred Nobel gestiftet, deswegen wird er oft gesondert betrachtet. Für die Mathematik gibt es keinen Nobelpreis. Hier ist die höchste Auszeichnung die Fields-Medaille.

NOBELPREIS-VERLEIHUNGEN

25 AN ORGANISATIONEN

885 AN MÄNNER

59 AN FRAUEN

AN FRAUEN IN DEN KATEGORIEN

Physiologie/Medizin **12**

Chemie **7**

Physik **4**

Literatur **16**

Frieden **18**

Malala Yousafzai

Esther Duflo

87 an Männer

2 an Frauen

VERLEIHUNGEN DES WIRTSCHAFTSPREISES

Maryam Mirzakhani

FIELDS-MEDAILLEN VERLEIHUNGEN

2 an Frauen

59 an Männer

STOP
#metoo

6
Gewalt & Verbrechen

»Geh nicht allein nach Hause«, »Nimm den beleuchteten Weg«, »Hab immer ein Pfefferspray dabei«, »Tu so, als würdest du telefonieren«, »Steig nicht zu Fremden ins Auto«, so ähnlich lauten die warnenden Ratschläge, die Frauen und Mädchen mit auf den Weg gegeben werden. Sie suggerieren, dass ihre Umwelt für Frauen ein gefährlicher Ort ist. Dass sie ständig auf der Hut sein müssen, um sich zu schützen. Frauen werden durch diese Angst in ihrer Bewegungsfreiheit eingeschränkt. Sie nutzen den öffentlichen Raum viel vorsichtiger als Männer. Fast jede Frau war wahrscheinlich nachts schon einmal allein auf der Straße unterwegs und hat beim Anblick eines fremden Mannes ihre Schritte beschleunigt, um dann in ihrer Tasche nach dem Schlüssel als mögliche Waffe zu tasten. Viele Frauen haben auch sicher schon einmal ihre Pläne geändert, weil ihnen etwas zu riskant erschienen ist – zum Beispiel noch länger allein auf einer Party zu bleiben, den kürzesten Weg nach Hause durch den Park zu nehmen oder ohne Begleitung eine Reise zu unternehmen. Männer machen sich diese Gedanken dagegen eher nicht. Allein betrunken vom Club durch eine schlecht

beleuchtete Straße nach Hause zu wanken, ist für die meisten Männer keine Überlegung wert – auch nicht, wenn sie eine kurze Hose und ein enges T-Shirt tragen. Wenn einer Frau dagegen in diesem Szenario etwas zustößt, wird ihr nicht selten grober Leichtsinn unterstellt. Denn nichts anderes schwingt in diesen ganzen Ratschlägen an Frauen mit: Wenn etwas passiert, warst du einfach nicht vorsichtig genug. Selbst schuld!
Dabei ist statistisch gesehen der Täter nicht der Fremde, der nachts im Gebüsch lauert. Die meisten Opfer kennen ihre Vergewaltiger und Mörder – es sind Familienmitglieder, Partner, Kollegen. Jeden Tag versucht in Deutschland ein Mann oder Ex-Mann seine Frau bzw. Ex-Frau zu töten. Jeden dritten Tag gelingt es. Insgesamt bedeutet das, dass die Hälfte aller Frauen, die ermordet wurden, ihren Mörder einmal geliebt haben. Als »Beziehungsdrama« oder »Familientragödie« werden diese Fälle dann in den Medien gerne betitelt. Als ginge es um schicksalhafte Einzelfälle und nicht um strukturelle Gewalt gegen Frauen. Männer sterben selten durch die Hand ihrer Partnerin. Auch sie können Opfer von gewalttätigen Beziehungen werden, aber die Zahlen sind sehr viel geringer und es endet seltener in Mord. Es ist speziell für Frauen ein echtes Risiko, von ihrem Partner getötet zu werden. Besonders gefährliche Momente sind Trennungen. Dafür gibt es sogar ein eigenes Wort: »Trennungsmord« nennt man es, wenn ein Mann den Trennungswunsch seiner Frau nicht akzeptieren will und diese daraufhin tötet. Frauen treffen eine eigene Entscheidung über ihr Leben, die dem Willen ihres Partners entgegensteht. Verbrechen, die Männer gegen Frauen begehen, spiegeln im Kern oft diesen Konflikt wider. Auch bei Vergewaltigungen oder Stalking sind die Täter meist männlich und haben Schwierigkeiten, ein weibliches »Nein« zu akzeptieren. Gerne wird da die Frage aufgeworfen, ob das eine Sache der Biologie ist und manche besonders testosterongeladenen Männer einfach nicht anders können, als mit Gewalt auf weibliche Ablehnung zu reagieren. Schaut man sich allerdings Statistiken verschiedener Länder mit Zahlen zu Gewalt gegen Frauen an, so fällt auf, dass es hier Unterschiede in den Fallzahlen gibt. Besonders in Ländern, in denen patriarchale Strukturen stark ausgeprägt sind, sind die Zahlen hoch. So haben in Westeuropa 19 Prozent aller Frauen Gewalt durch einen Beziehungspartner erfahren, während es in Osteuropa 26 Prozent und in Südasien sogar 42 Prozent sind. Und es wäre wohl zumindest fraglich, ob beispielsweise russische Männer grundsätzlich mehr Testosteron haben als Portugiesen. Es liegt daher nahe, die Erklärung für männliche Gewalt gegen Frauen nicht nur in der Biologie, sondern vor allem in gesellschaftlichen Strukturen zu suchen. Tatsächlich ist es ein verhältnismäßig modernes Phänomen, dass Frauen in Deutschland erlaubt ist, selbst über ihr Leben zu bestimmen. Lange lebten Frauen unter der Vormundschaft ihrer Eltern, bis sie heirateten, den Namen ihres Ehemannes annahmen, und diesen fortan zu jeder Entscheidung befragen mussten. Ob sie beispielsweise arbeiten, ein Konto eröffnen oder studieren durften. Frauen waren also in gewisser Hinsicht ein Teil des männlichen Besitzes. Das kommt uns heute zum Glück weit, weit weg vor.

Trotzdem scheint es für manche Männer immer noch schwierig zu sein, zu akzeptieren, dass eine Frau selbstständig Entscheidungen trifft. Hier greifen patriarchale Dominanzmechanismen. Und die werden durch die aktuelle Rechtsprechung immer noch gestützt. Beispielsweise wirkt es sich für einen Mann, der eine Frau tötet, strafmildernd aus, wenn diese sich zuvor von ihm getrennt hat. Das hat der Bundesgerichtshof erst 2019 erneut bestätigt. Ebenso wirkt es sich positiv auf das Strafmaß aus, wenn der Mann seiner Partnerin gegenüber auch vor der eigentlichen Tat schon einmal gewalttätig war. Die Frau hätte ja dann mit weiterer Gewalt durch ihren Partner rechnen und Konsequenzen ziehen müssen. Für unser moralisches Empfinden klingt es absurd, nach dem Verhalten des Opfers zu fragen, um die Strafe des Täters festzulegen. Trotzdem ist das in Deutschland immer noch gängige Praxis und führt dazu, dass Frauen durch unser Rechtssystem nicht ausreichend geschützt werden. Das sieht man ebenfalls bei Vergewaltigungsfällen. Nur eine von 100 Frauen erlebt die rechtskräftige Verurteilung ihres Vergewaltigers. Bei dieser miesen Quote ist es kein Wunder, dass die meisten Frauen von einer Anzeige absehen. Viele fürchten, dass ihnen sowieso nicht geglaubt wird. Schließlich braucht es für die Verurteilung eines Vergewaltigers ein nüchternes Opfer, das mit sichtbaren Wunden und frischen DNA-Spuren des Täters unmittelbar nach der Tat in einer Polizeiwache steht und Anzeige erstattet. In allen anderen Fällen – und das dürften viele sein –, müssen Frauen mit offenem Misstrauen und Fragen zu ihrer Glaubwürdigkeit rechnen. Ganz so, als stehe nicht der Schutz von Frauen vor Gewalt an erster Stelle, sondern die Bemühung, Männer vor eventuellen Falschaussagen zu schützen.

JE SCHWERER DAS VERBRECHEN, DESTO NIEDRIGER DER FRAUENANTEIL UNTER DEN TÄTER:INNEN

25% DER TATVERDÄCHTIGEN

19% DER VERURTEILTEN

6% DER STRAFGEFANGENEN

SIND WEIBLICH

HÄUFIGSTE STRAFTATEN BEI MÄNNERN UND FRAUEN

MÄNNLICHE STRAFVERDÄCHTIGE

Körperverletzung **17 %**

Rauschgiftdelikte **16 %**

Betrug **16 %**

Diebstahl **14 %**

Straftaten gegen die persönliche Freiheit **9 %**

MÄNNLICHE TATVERDÄCHTIGE 2018: 1.541.130

WEIBLICHE STRAFVERDÄCHTIGE

Betrug **21 %**

Diebstahl **21 %**

Körperverletzung **13 %**

Beleidigung **11 %**

Straftaten gegen das Aufenthalts, Asyl- und Freizügigkeitsgesetz **9 %**

WEIBLICHE TATVERDÄCHTIGE 2018: 510.136

JEDER DRITTE FRAUENMORD

WIRD VOM PARTNER ODER EXPARTNER BEGANGEN

2020 wurden 139 FRAUEN **und 30** MÄNNER **von Partner:in oder Expartner:in getötet.**

BEI WEIBLICHEN OPFERN ENTFALLEN 35 % ALLER GEWALTTATEN AUF PARTNERSCHAFTSGEWALT, BEI MÄNNLICHEN SIND ES 6 %

JEDE STUNDE WERDEN 13 FRAUEN OPFER VON GEWALT IN DER PARTNERSCHAFT

2020 SIND INSGESAMT 119,000 FRAUEN VON IHREM PARTNER ODER EXPARTNER ANGEGRIFFEN, BEDROHT, GESTALKT ODER GETÖTET WORDEN

Gewalt

Sexuelle Gewalt

70 % der JUNGEN FRAUEN in Deutschland im Alter von 15 bis 24 Jahren haben bereits Belästigung im Internet erlebt

DAS SIND 12 PROZENTPUNKTE MEHR ALS IM WELTWEITEN DURCHSCHNITT

ERLEBTE FORMEN DER BELÄSTIGUNG

rassistische Kommentare
41 %

Bodyshaming
44 %

Stalking
41 %

persönliche Demütigung
44 %

Androhung physischer Gewalt
33 %

Kommentare gegen die sexuelle Orientierung, Anti-LGBTQIA+
35 %

sexuelle Belästigung
55 %

Beschimpfungen und Beleidigungen
67 %

FOLGEN DER BELÄSTIGUNG

52 % der Betroffenen haben die Inhalte gemeldet
47 % ignorieren böswillige Kommentare
33 % haben die Privatsphäre-Einstellungen ihres Profils geändert

11 % nutzen Soziale Medien weniger
9 % schreiben keine Posts mehr
5 % verlassen die jeweilige Plattform ganz

DIGITALE GEWALT BESCHRÄNKT FRAUEN IN IHRER FREIHEIT, SICH AUSZUDRÜCKEN.

AUF DIESEN PLATTFORMEN MELDEN FRAUEN DIE MEISTEN BELÄSTIGUNGEN

INSTAGRAM **45 %**
FACEBOOK **35 %**
YOUTUBE **22 %**
SNAPCHAT **19 %**
TIKTOK **9 %**
TWITTER **8 %**

Weltweit werden 50 % der Frauen häufiger in Sozialen Medien belästigt als auf der Straße

BEOBACHTEN SEXISMUS IM ALLTAG MEHRMALS IM MONAT

28% DER FRAUEN

15% DER MÄNNER

Im Alter bis 24 sind es **59%** bei Frauen und **39%** bei Männern

FINDEN SEXISTISCHE ÜBERGRIFFE IM ALLTAG NICHT SO SCHLIMM

68% DER FRAUEN

69% DER MÄNNER

Bei Frauen und Männern, die mehrmals im Monat betroffen sind, sind es allerdings nur

26% der Frauen
36% der Männer

EMPFINDEN SEXISMUS IN DEN MEDIEN ALS SCHLIMM

DER FRAUEN **75%**

DER MÄNNER **61%**

Bei Frauen und Männern, die im Alltag von Sexismus betroffen sind, sind es

85% der Frauen
75% der Männer

FINDEN SEXISMUS IST NUR EINE FORM VON FLIRTEN

DER FRAUEN **22%**

DER MÄNNER **33%**

BEMERKTEN SEXISTISCHE ÜBERGRIFFE GEGEN SICH SELBST ODER ANDERE

FRAUEN UND MÄNNER OHNE BILDUNGSABSCHLUSS ODER MIT HAUPTSCHULABSCHLUSS:

53% der Frauen

29% der Männer

MIT HOCHSCHULABSCHLUSS:

71% der Frauen

53% der Männer

Frauen, die sexistische Übergriffe beobachtet haben, haben sie hier beobachtet

Auf öffentlichen Plätzen: **46%**

Am Arbeitsplatz: **41%**

Bei Fahrten in Bus, Bahn, Flugzeug: **30%**

Bei Freund:innen und Bekannten: **17%**

WENN SEXISMUS ERLEBT ODER BEOBACHTET WIRD, DANN DIESE FORMEN:

Verbale Übergriffe im persönlichen Gespräch
Frauen **45%** | Männer **47%**

Körperliche Übergriffe ohne Berührung*
Frauen **39%** | Männer **38%**

Körperliche Übergriffe mit Berührung
Frauen **36%** | Männer **32%**

*Gesten, Zeichen

Männer, die sexistische Übergriffe beobachtet haben, haben sie hier beobachtet

Am Arbeitsplatz **45%** | Auf öffentlichen Plätzen **42%** | Bei Fahrten in Bus, Bahn, Flugzeug **29%** | Beim Einkaufen **18%**

»Sie haben zwei starke Argumente, die für Sie sprechen.«

– mein Professor mit dem Blick auf meinen Oberkörper (32 Jahre, Ingenieurin)

»WENN'S BEI DIR MAL NICHT MEHR LÄUFT, KANNST DU DICH WENIGSTENS NOCH HOCHSCHLAFEN!«

– mein Kollege (25 Jahre, Fotografin)

»WARUM GUCKST DU IMMER SO GRIMMIG? JETZT LÄCHLE MAL!«

– E-Mail vom Kollegen im Großraumbüro (28 Jahre, Mitarbeiterin in der Unternehmenskommunikation)

»IM KLEID GEFÄLLST DU MIR ABER BESSER«

– mein Kollege (28 Jahre, PR-Managerin)

»Ich habe bei dir oft das Gefühl, dass ich dich nicht führe, sondern dass du mich mit einem Anschnall-dildo bumst.«

– mein Vorgesetzter im Feedbackgespräch (33 Jahre, Mitarbeiterin im Kulturbetrieb)

VON WEM WERDEN SEXISTISCHE ÜBERGRIFFE ZUGEFÜGT?

von Unbekannten, berichten

52 % **31 %**

von Kolleg:innen, berichten

29 % **31 %**

von Freund:innen oder Bekannten, berichten

28 % **29 %**

DER FRAUEN DER MÄNNER

HABEN NACH SEXISTISCHEN ÜBERGRIFFEN ANZEIGE ERSTATTET

11 % der betroffenen Frauen

14 % der betroffenen Männer

SEXISMUS IM ALLTAG SOLLTE EINE STRAFTAT SEIN, FINDEN

44 % der Frauen

27 % der Männer

FINDEN ES SCHWER, SICH GEGEN SEXISMUS ZUR WEHR ZU SETZEN

74 % der Frauen,

65 % der Männer,

die von Sexismus betroffen sind.

FINDEN, ES GIBT ZU WENIG PROFESSIONELLE HILFE, SICH GEGEN SEXISMUS ZUR WEHR ZU SETZEN

83 % der Frauen,

73 % der Männer,

die von Sexismus betroffen sind.

FORDERN VON DER POLITIK MEHR MASSNAHMEN, UM SEXISMUS VORZUBEUGEN

80 % der Frauen

65 % der Männer

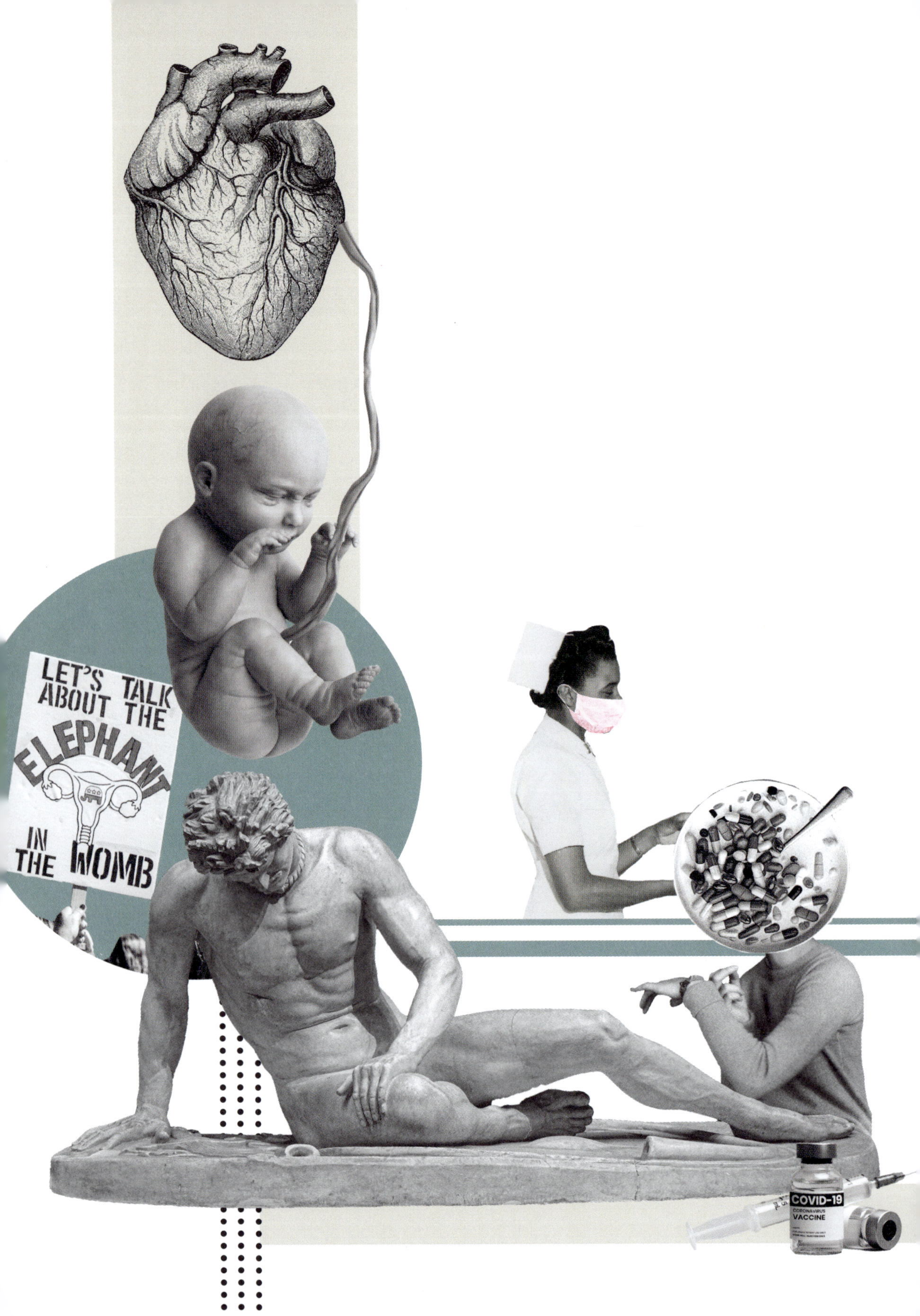
LET'S TALK ABOUT THE
ELEPHANT
IN THE WOMB
COVID-19
CORONAVIRUS
VACCINE

7

Gesundheit & Medizin

Lange Zeit wurde in der Medizin nicht am Menschen geforscht, sondern am Mann. Nebenwirkungen, Medikamentendosierungen, Impfreaktionen – geballtes Wissen bezogen auf den etwa 80 Kilo schweren Männerkörper. Nun sind Frauen im Durchschnitt leichter, haben eine andere Zusammensetzung von Körperfett, Muskeln und Hormonen und auch ihre Leber arbeitet langsamer. Für die Verstoffwechselung von Medikamenten sind diese Faktoren entscheidend. Trotzdem wurde das Thema Geschlecht viele Jahre lang in der Forschung ausgeblendet – was für Frauen negative Auswirkungen hat. Sie leiden bei der Einnahme von Medikamenten etwa 1,5-mal häufiger unter Nebenwirkungen und erleiden 80 Prozent der allergischen Schocks nach Impfungen. Außerdem sind zwei Drittel der Medikamentenabhängigen weiblich, was häufig auf falsche Dosierungen bei Arzneimittelverschreibungen zurückgeführt werden kann. Im schlimmsten Fall können Medikamente, die nicht ausreichend an Frauen getestet wurden, tödlich sein. Ein prominentes Beispiel dafür ist das Herzmedikament

Digoxin, das das Leben von Patientinnen verkürzt, während es das Leben von männlichen Herzpatienten verlängert.

Auch das Immunsystem von Frauen und Männern arbeitet unterschiedlich. So reagieren Männer beispielsweise empfindlicher auf Infektionen wie Corona, Malaria oder die Grippe, während Frauen wesentlich häufiger an Autoimmunerkrankungen wie Multiple Sklerose oder Rheuma erkranken. Damit häufen sich bestimmte Erkrankungen bei den verschiedenen Geschlechtern. Als eine typische Männerkrankheit galt auch lange Zeit der Herzinfarkt. Die Symptome des weiblichen Herzinfarkts gerieten aber dadurch völlig aus dem Blickfeld und wurden sogar als »atypisch« bezeichnet – obwohl dieser »atypische« Herzinfarkt immerhin bei 50 Prozent der Bevölkerung auftreten kann. Als Resultat werden Frauenherzinfarkte häufig erst später als solche erkannt und enden auch heute noch eher tödlich als bei Männern.

Depressionen dagegen werden häufiger bei Frauen diagnostiziert. Dabei sind Männer nicht seltener betroffen, wie eine exorbitant hohe männliche Selbstmordrate zeigt. Depressionen werden bei ihnen nur häufig nicht erkannt. Das liegt zum einen daran, dass depressive Männer andere Symptome zeigen als Frauen und zum anderen daran, dass sie überhaupt seltener zur Ärztin oder zum Arzt gehen und dort noch seltener über ihre Gefühlslage sprechen. Die gesellschaftliche Vorstellung vom vermeintlich starken Geschlecht erschwert Männern den Zugang zu ihren Schwächen und damit auch den Zugang zu medizinischer Hilfe.

Damit hat das soziale Geschlecht ebenso eine Auswirkung auf die medizinische Versorgung wie das biologische. So gab es zum Beispiel auch nie biologische Gründe dafür, dass es ausschließlich Frauen waren, die über Jahrhunderte hinweg die Diagnose »Hysterie« bekommen haben. Zwar nahm man vor etwa 3000 Jahren einmal an, dass eine nach Sperma und Fortpflanzung gierende Gebärmutter durch den Körper wandern und den Frauen das Gehirn vernebeln würde, aber am Ende diente die Diagnose vor allen Dingen einer Sache: Sich nicht ernsthaft mit den genauen Ursachen der weiblichen Beschwerden auseinandersetzen zu müssen. Frauen mit körperlichen und psychischen Erkrankungen als »hysterisch« zu bezeichnen, kommt uns aus heutiger Sicht geradezu mittelalterlich vor. Andererseits sind es weiterhin besonders häufig Frauen, deren Beschwerden nicht ernst genommen werden. Tatsächlich gibt es Studien, die belegen, dass Frauen in Notaufnahmen länger auf Schmerzmittel warten müssen und eine um 25 Prozent geringere Chance auf Opioide zur Schmerzlinderung haben als männliche Patienten. Dabei haben Schwarze Frauen die schlechtesten Karten, wenn sie eine Notaufnahme betreten. Laut Studien, müssen sie nicht nur länger auf Schmerzmittel, sondern generell auf eine Behandlung warten als weiße Patient:innen. Insgesamt ist es also wenig verwunderlich, dass besonders Erkrankungen, die ausschließlich Frauen betreffen, gerne als »psychosomatisch« abgetan und in der medizinischen Forschung im Schneckentempo bearbeitet werden. So ist beispielsweise Endometriose, eine äußerst schmerzhafte Erkrankung, die etwa jede zehnte Frau betrifft, selbst unter Mediziner:innen so unbekannt, dass es im Schnitt zehn Jahre dauert, bis betroffene Frauen die Diagnose erhalten. Unter PMS leiden sogar 90 Prozent der Frauen – trotzdem gibt es fünfmal mehr Studien zum Thema Potenzstörungen bei Männern, von der nur 20 Prozent irgendwann in ihrem Leben einmal betroffen sind. Aber was sind schon monatlich wiederkehrende Schmerzen, Depressionen und starkes Bluten gegen Erektionsstörungen? »Ganz und gar nichts!«, denkt sich wahrscheinlich die gynäkologische Forschung. Die besteht nämlich immer noch zu einem Großteil aus Männern. Die höchste Auszeichnung, die Gynäkolog:innen in Deutschland bekommen können – die Carl-Kaufmann-Medaille –, hat tatsächlich noch nie eine Frau erhalten. Dass diese Absurdität noch nie jemandem aufgefallen ist, liegt wohl daran, dass die Deutsche Gesellschaft für Gynäkologie und Geburtshilfe, die den Preis verleiht, auch fest in männlicher Hand ist. Hier ist nicht nur der Präsident ein Mann, sondern auch der erste und sogar noch der zweite Vizepräsident. Um genau zu sein, war in der gesamten Geschichte der Gesellschaft, die es immerhin seit 1885 gibt, nur ein einziges Mal eine Frau für zwei Jahre Präsidentin. Vielleicht würden sich in Bezug auf Verhütung, Schwangerschaft, Geburt und Abtreibungsrecht endlich dringend notwendige Veränderungen einstellen, wenn auch Frauen in wichtige Entscheidungspositionen der Gynäkologie vorrücken könnten. Da mittlerweile fast 80 Prozent der Gynäkolog:innen weiblich sind, wird es wohl kaum an geeignetem Personal mangeln.

Aber es sind natürlich nicht nur Frauen, die in der Medizin um Sichtbarkeit und eine adäquate medizinische Versorgung ringen müssen. So gibt es immer noch kaum Studien oder Leitlinien zur gesundheitlichen Versorgung von Menschen mit nicht-binärer Geschlechtsidentität. Erst seit 2018 gelten trans* Personen nicht mehr als psychisch krank. Trotzdem sind sie oft einer erheblichen psychischen Belastung ausgesetzt, die zu Erkrankungen führen kann. Aus der Diskrepanz zwischen biologischem Geschlecht und der Geschlechtsidentität entsteht häufig ein hoher Leidensdruck, der bei der gesundheitlichen Versorgung besondere Aufmerksamkeit bekommen sollte.

Wir brauchen insgesamt eine Gesundheitsversorgung, die das biologische und das soziale Geschlecht jedes Menschen in eine Diagnosestellung einbezieht. Ob es nun um Herzerkrankungen, Depressionen, Essstörungen oder Menstruationsbeschwerden geht. In jedem Fall brauchen Patient:innen Ärzt:innen, die bei Krankheitssymptomen oder der Dosierung von Medikamenten genderspezifische Unterschiede kennen und berücksichtigen. Trotzdem wird Gendermedizin im Medizinstudium höchstens am Rande mancher Lehrveranstaltungen vermittelt. Bei den Student:innen selbst – den Ärzt:innen von morgen – spielt das Thema also kaum eine Rolle. Dabei wäre das für eine Medizin, die alle gleichermaßen berücksichtigt, der erste wichtige Schritt.

GEBURTENRATE

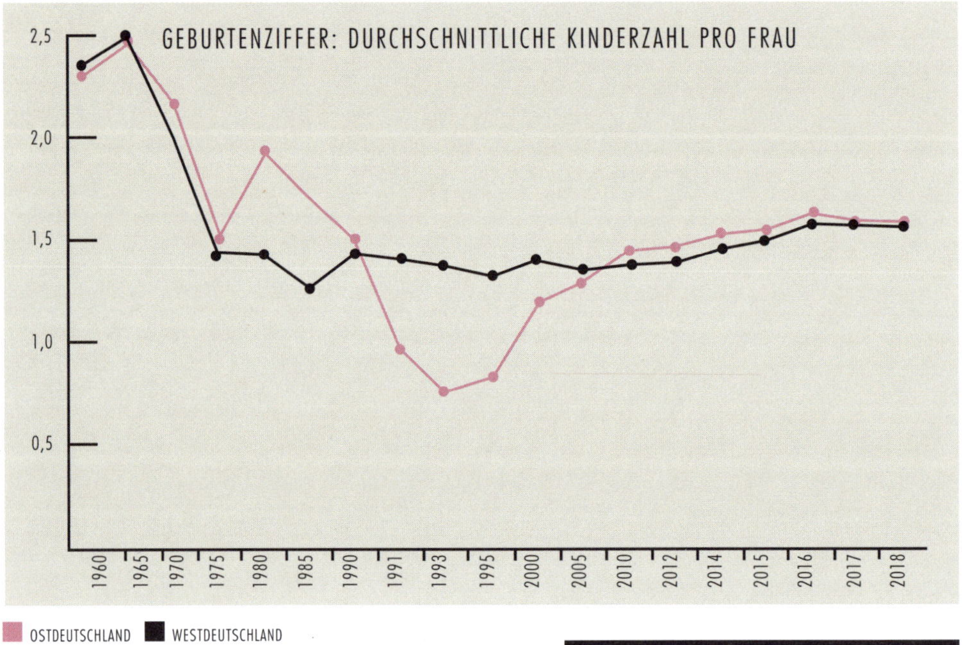

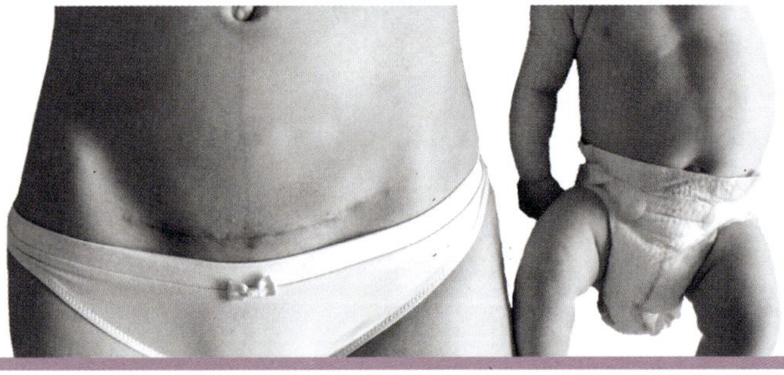

KAISERSCHNITTRATE HEUTE

30%

KAISERSCHNITTRATE 1991

15%

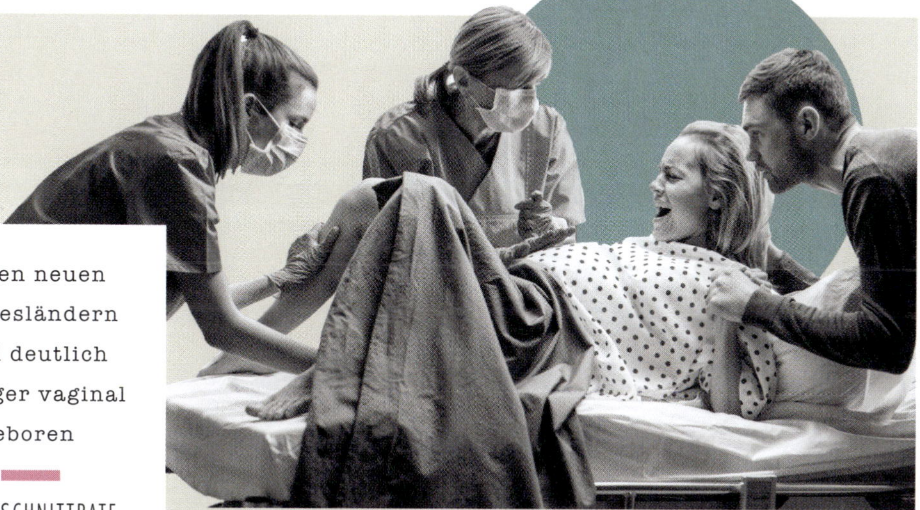

In den neuen Bundesländern wird deutlich häufiger vaginal geboren

KAISERSCHNITTRATE IN SACHSEN
24 %
IM SAARLAND
35 %

Bei etwa 10 % der Frauen kommt es nach einer vaginalen Entbindung zu einer leichten bis schweren urinären Inkontinenz, bei einer Entbindung per Kaiserschnitt sind es 5 %

LAUT **WHO** IST EIN KAISERSCHNITT BEI CA. **15 %** DER GEBURTEN MEDIZINISCH NOTWENDIG BZW. ZU EMPFEHLEN

SÄUGLINGSSTERBERATE
3 von 1000

Die Säuglingssterberate bei geplanten Kaiserschnitten ist in Deutschland etwas höher als bei vaginalen Geburten. Das liegt allerdings nicht nur am Kaiserschnitt selbst, sondern daran, dass er häufig so früh angesetzt wird, dass die Lunge der Säuglinge nicht vollständig ausgebildet ist.

MÜTTERSTERBLICHKEIT
4 in 100.000

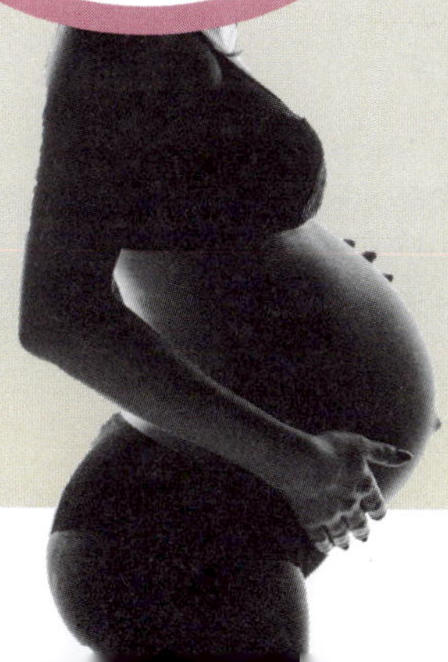

WO KOMMEN KINDER ZUR WELT?

0,7 % ZU HAUSE

0,9 % IM GEBURTSHAUS

98,4 % IM KRANKENHAUS

WAS KOSTET EINE GEBURT DIE KRANKENKASSE?

ca. 3800–9400 €
UNGEPLANTER KAISERSCHNITT

ca. 2400–2900 €
GEPLANTER KAISERSCHNITT

ca. 1900 €
VAGINALE GEBURT OHNE KOMPLIKATIONEN ODER ZUSATZLEISTUNGEN

Obwohl ein Kaiserschnitt für ein Krankenhaus weniger aufwendig und besser zu planen sein kann, können Krankenhäuser Kaiserschnitte höher in Rechnung stellen als vaginale Geburten.

Durchschnittliches Alter von MÜTTERN bei der Geburt des ersten Kindes 2020: 30, bei VÄTERN: 33

ENTWICKLUNG DES DURCHSCHNITTSALTERS VON MÜTTERN BEIM ERSTEN KIND

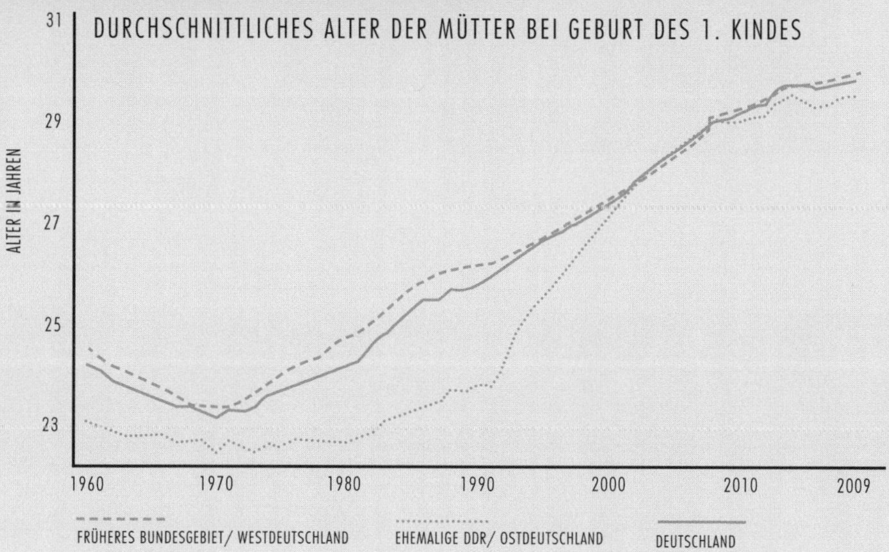

Wenn es um die Geburt ihrer Kinder geht, müssen Frauen leider häufig feststellen, dass sie wesentlich weniger Mitspracherecht haben, als sie dachten. Eine geplante Kaiserschnittgeburt ohne »stichhaltige« Argumente ist fast ein Ding der Unmöglichkeit. Wenn Mütter dagegen keinen Kaiserschnitt wollen, die Kreißsäle aber überfüllt sind und die Geburt sich in die Länge zieht, kann es wiederum passieren, dass sie gedrängt werden, gegen ihren Willen per Kaiserschnitt zu gebären – so oder so wird es Müttern sehr schwer gemacht, den Geburtsablauf selbst zu bestimmen.

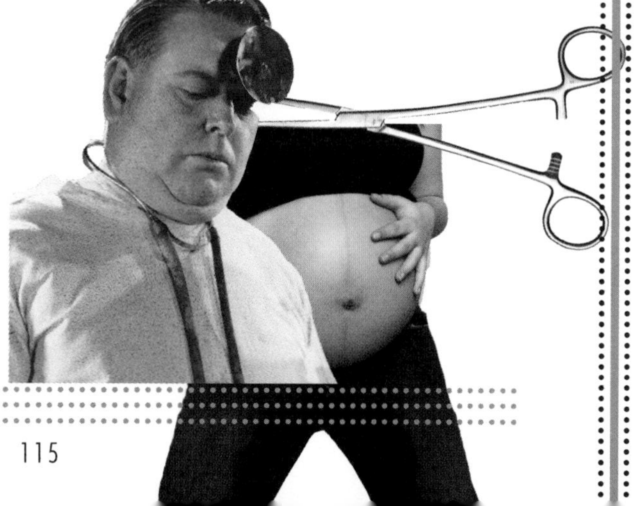

SCHWANGERSCHAFTSABBRÜCHE IN DEUTSCHLAND

2000
134.609

2020
99.948

SCHWANGERSCHAFTSABBRÜCHE UND LEBENDGEBURTEN

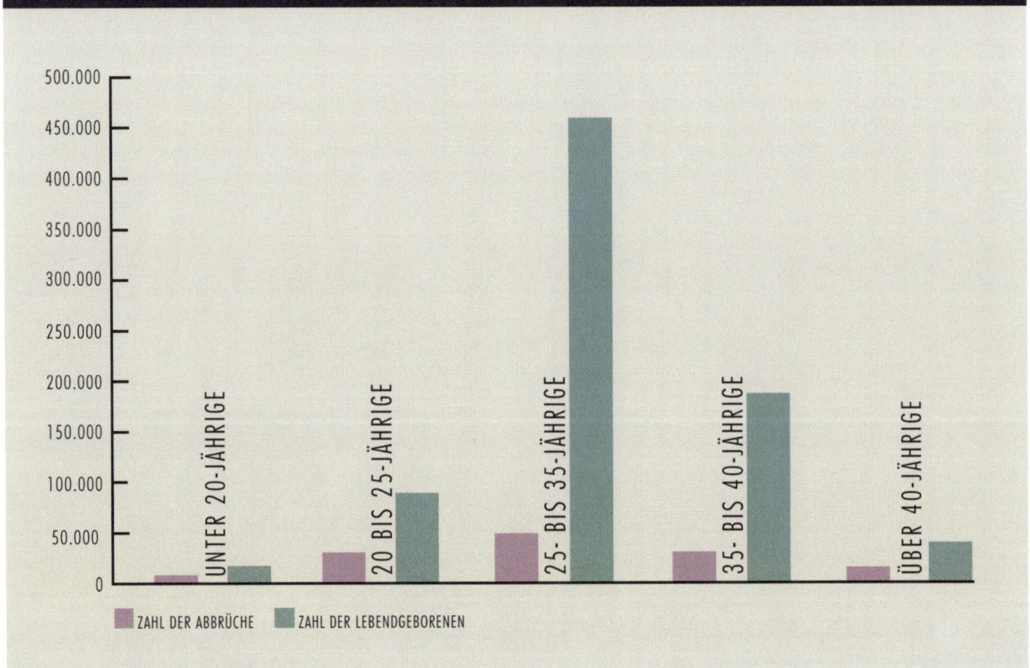

18 %

ALLER SCHWANGERSCHAFTEN SIND EXPLIZIT UNGEWOLLT. 34 % SIND UNBEABSICHTIGT.

43 %

DAVON WERDEN ABGEBROCHEN

40 %

ALLER SCHWANGERSCHAFTSABBRÜCHE WERDEN VON VERHEIRATETEN FRAUEN VORGENOMMEN

36 %

DER UNBEABSICHTIGT SCHWANGEREN HABEN VERHÜTET

SCHWANGERSCHAFTSABBRÜCHE BIS ZUR 12. WOCHE

97 %

23 %

DER SCHWANGERSCHAFTSABBRÜCHE WERDEN MEDIKAMENTÖS DURCHGEFÜHRT

SCHWANGERSCHAFTSABBRÜCHE BEI FÖTEN MIT TRISOMIE 21

68 %

Schwangerschaftsabbrüche sind in Deutschland immer noch rechtswidrig. Bis zur zwölften Schwangerschaftswoche bleibt ein Abbruch aber zumindest straffrei. Das allerdings nur nach Beratung einer staatlich anerkannten Organisation und mit Bedenkzeit. Diese vorgeschriebene Bedenkzeit von mindestens drei Tagen wird vom Gesetzgeber für nötig befunden. Meistens verlängert sich diese Bedenkzeit jedoch unfreiwillig, weil es kaum niedergelassene Ärzt:innen gibt, die Schwangerschaftsabbrüche durchführen und Patientinnen es häufig schwer haben, einen Termin zu bekommen. Das ist eine enorme psychische Belastung für die betroffenen Frauen. Dazu kommt, dass ein Schwangerschaftsabbruch zwischen 350 und 700 Euro kostet. Kosten, die die Schwangere selbst, aber nicht der:die Partner:in tragen muss.

GENDERMEDIZIN

Deutschland, USA

Die Erkenntnis, dass Frauenkörper nicht einfach kleinere Männerkörper mit Gebärmutter sind, durchdringt die Medizin erst seit verhältnismäßig kurzer Zeit. So ist inzwischen zwar bekannt, dass Männer und Frauen bei bestimmten Erkrankungen unterschiedliche Symptome zeigen, trotzdem scheinen Geschlechterstereotype die Diagnostik im medizinischen Alltag zu erschweren. Im Fall von Herzinfarkt oder Depression kostet das sogar Leben.

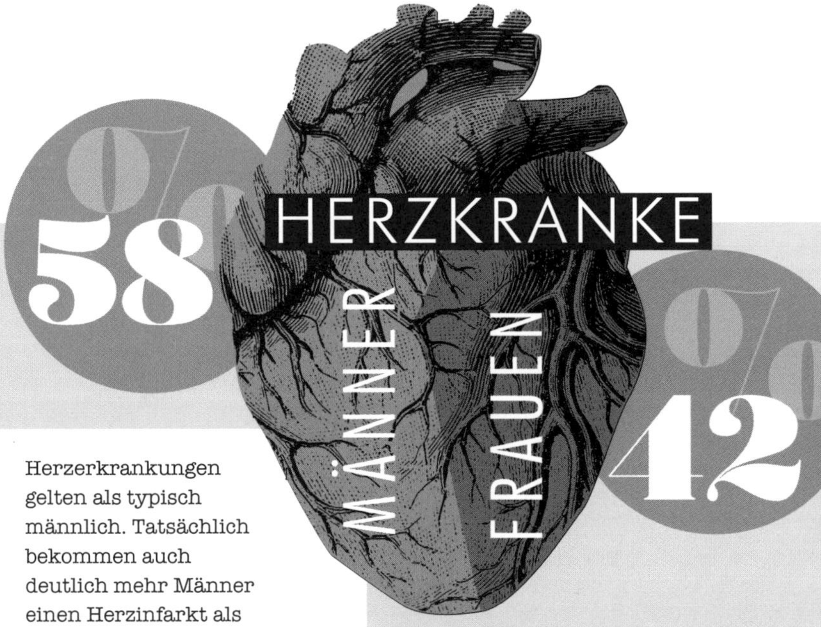

Herzerkrankungen gelten als typisch männlich. Tatsächlich bekommen auch deutlich mehr Männer einen Herzinfarkt als Frauen. Dagegen verlaufen Herzinfarkte bei Frauen häufiger tödlich. Ein Grund dafür ist, dass die Symptome eines weiblichen Herzinfarktes als atypisch gelten und vielen Menschen gar nicht bekannt sind. Hilfe kommt dann im Ernstfall zu spät.

ANTEIL TÖDLICHER HERZINFARKTE

FRAUEN: **28 %**
MÄNNER: **20 %**

DAUER BIS ZUR FAHRT ZUM KRANKENHAUS BEI HERZINFARKTSYMPTOMEN

MÄNNER: **3,5 Stunden**
FRAUEN: **4,5 Stunden**

Amerikanische Studien belegen, dass Frauen nach einem Herzinfarkt häufiger innerhalb eines Jahres sterben und bei Patientinnen weniger Nachsorgeuntersuchungen unternommen werden.

AUSGANG UND TODESRATE BEI EINEM HERZINFARKT

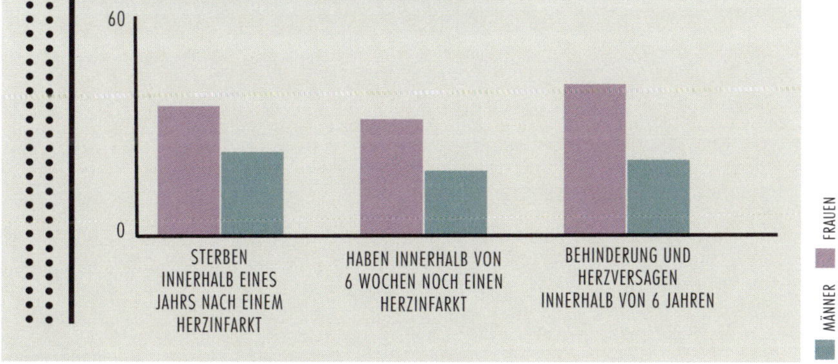

Sigmund Freud

DEPRESSIONEN

Depressionen dagegen gelten als typisch weibliche Erkrankung. Es werden mehr als doppelt so viele Frauen wie Männer als depressiv diagnostiziert. Trotzdem sind es vor allen Dingen Männer, die Selbstmord begehen. Das legt die Vermutung nahe, dass Depressionen bei Männern zu oft nicht erkannt und entsprechend behandelt werden.

HABEN EINE DIAGNOSTIZIERTE DEPRESSION

5% DER MÄNNER

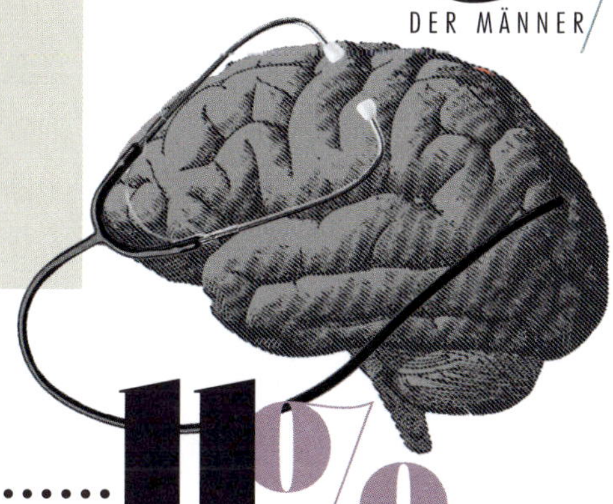

11% DER FRAUEN

SUIZIDE

Im Durchschnitt ist der männliche Körper größer und schwerer als der weibliche. Hinzu kommt, dass die Verteilung von Körperfett, Muskeln und Wasser bei Männern und Frauen verschieden ist und auch Enzyme in der Leber unterschiedlich schnell Substanzen verstoffwechseln. Solche Faktoren führen dazu, dass Medikamente bei Frauen und Männern unterschiedlich wirken können. In der medizinischen Forschung wurde diese Tatsache lange vernachlässigt – hier galt der Mann als Durchschnittsmensch. Irgendwann bemerkte man schließlich, dass Frauen wesentlich häufiger von Nebenwirkungen betroffen waren und auch zwei Drittel der Medikamentenabhängigen ausmachen. Beides sind Hinweise auf eine zu hohe Medikamentendosierung.

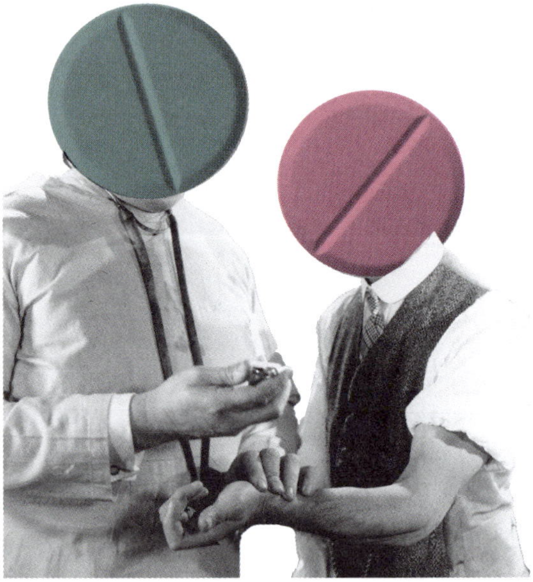

FRAUEN NEHMEN HÄUFIGER TABLETTEN EIN, WERDEN ABER IN DER FORSCHUNG WENIGER BERÜCKSICHTIGT

Haben innerhalb eines Jahres mindestens einmal Medikamente zu sich genommen

FRAUEN **70 %**

MÄNNER **56 %**

HABEN DIESE MEDIKAMENTE MINDESTENS EINMAL ZU SICH GENOMMEN

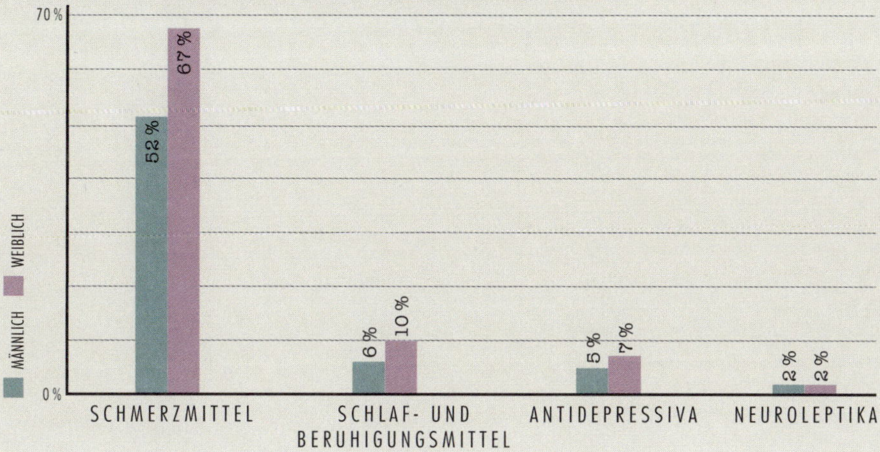

FRAUENBETEILIGUNG BEI DER ZULASSUNG VON MEDIKAMENTEN

Als letzten Schritt vor der Zulassung eines Medikamentes durchläuft ein neuer Wirkstoff drei Phasen der klinischen Prüfung. In der ersten Phase wird mit 60-80 gesunden Proband:innen getestet. In der zweiten und dritten Phase wird ein Medikament an Patient:innen erprobt.

AKTUELLE FRAUENBETEILIGUNG BEI MEDIKAMENTEN-FORSCHUNG LAUT DEM VERBAND FÜHRENDER PHARMAUNTER-NEHMEN

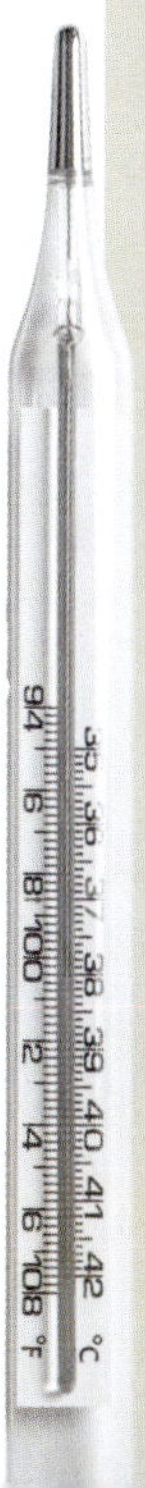

PHASE I : FRAUENANTEIL

10–40%

PHASE II–III: FRAUENANTEIL

30–80%

FRAUEN ALS VERSUCHSTEILNEHMERINNEN VOR UND NACH DEM GESETZ VON 2004

Frauen wurden lange Zeit von der medizinischen Forschung ausgeschlossen. Grund dafür war die Annahme, dass eine Probandin unbemerkt schwanger sein und damit der Fötus Schaden nehmen könnte. Gleichzeitig machen der weibliche Zyklus und die Einnahme von hormonellen Verhütungsmitteln die Forschung mit Frauen komplizierter. Erst seit 2004 müssen Arzneimittelhersteller für ihre neuen Medikamente nachweisen, dass diese auch im Hinblick auf die unterschiedliche Wirkungsweise zwischen Männern und Frauen unbedenklich sind. Medikamente, die vor 2004 auf den Markt gekommen sind, wurden oftmals nur an Männern getestet.

PUBLIZIERTE STUDIEN IN CLINICAL PHARMACOLOGY & THERAPEUTICS MIT FRAUEN ALS VERSUCHSTEILNEHMERINNEN

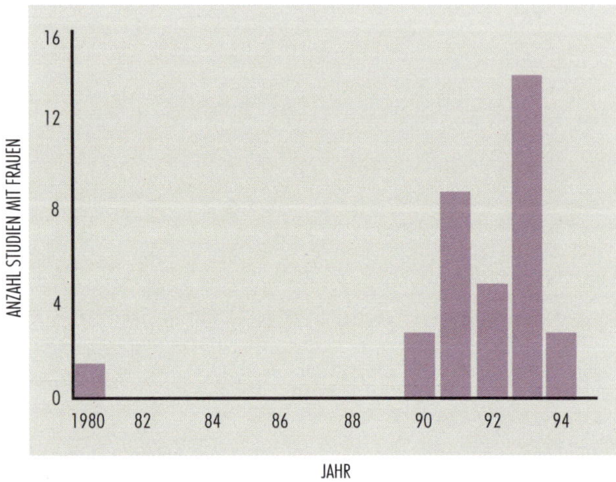

EINSCHLUSS VON FRAUEN IN KLINISCHE STUDIEN DER U.S. FOOD AND DRUG ADMINISTRATION (FDA) 2010–2012

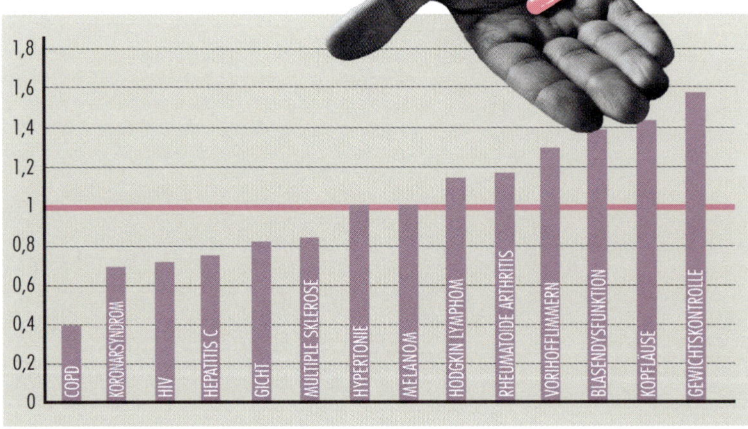

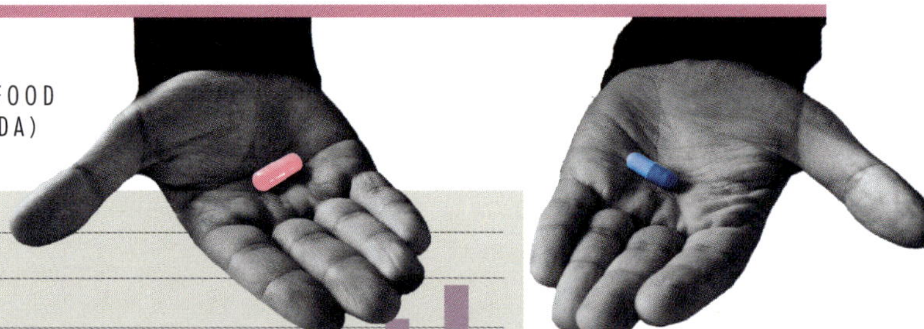

Der Wert 1 steht für die Übereinstimmung zwischen dem Einschluss von Frauen in klinische Studien und dem geschlechtsbezogenen Vorkommen der jeweiligen Krankheit. Wären also beispielsweise 20 % aller Gichtpatient:innen weiblich und würden diese dann auch 20 % der Proband:innen ausmachen, läge der Wert in der Grafik bei 1.

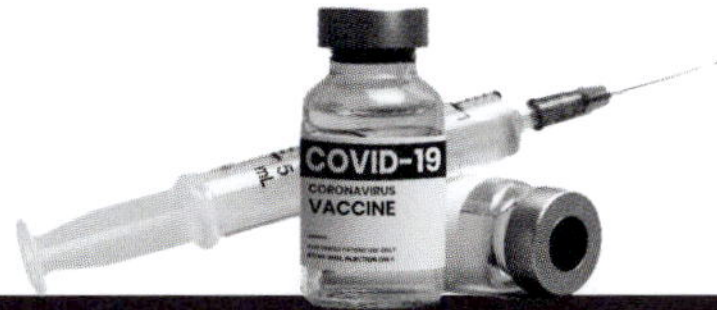

FRAUENANTEIL BEI STUDIEN ZU CORONA-IMPFSTOFFEN

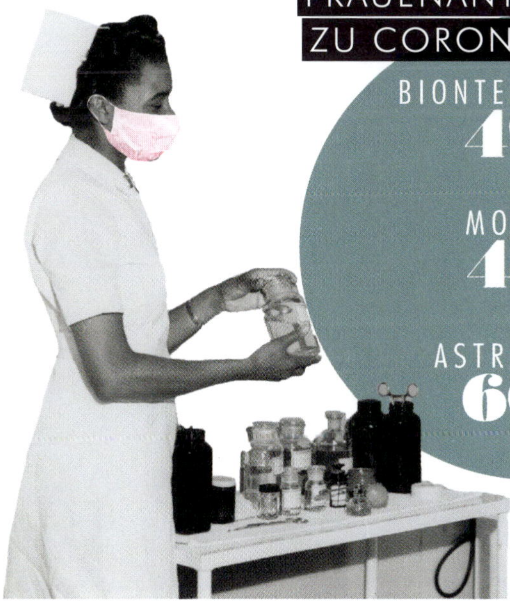

BIONTECH/PFIZER
49 %

MODERNA
47 %

ASTRAZENECA
60 %

Trotz der ausreichenden Anzahl an Probandinnen, die an den Studien zu den Corona-Impfstoffen teilgenommen haben, betrafen unerwartete Nebenwirkung wie Thrombosen vor allem Frauen – allerdings nur Frauen eines bestimmten Alters. Das zeigt, dass in der Medikamentenforschung nicht nur die Höhe des Frauenanteils wichtig ist, um Nebenwirkungen neuer Arzneimittel auszuschließen. Aufgrund der verschiedenen Hormonspiegel vor und nach den Wechseljahren, sollte bei Probandinnen das Alter berücksichtigt und jede Altersgruppe bei Studien entsprechend abgebildet werden.

79 %

DER MELDUNGEN VON NEBENWIRKUNGEN UND IMPFREAKTIONEN NACH EINER CORONA-IMPFUNG KAMEN VON FRAUEN

80 %

DER SCHWEREN ALLERGISCHEN SCHOCKS NACH ALLEN IMPFUNGEN BETREFFEN FRAUEN

LEBENSERWARTUNG

Frauen leben etwa fünf Jahre länger als Männer. Als Grund dafür gilt besonders der risikoreichere und ungesündere Lebensstil von Männern. Sie sterben häufiger an Herzinfarkten, bei Autounfällen oder bei der Arbeit. Trotzdem können sich Frauen nur eingeschränkt über ihre längere Lebenszeit freuen: Statistiken zeigen, dass sie wesentlich häufiger an körperlichen und psychischen Beschwerden leiden als Männer.

KÖRPERLICHE BESCHWERDEN

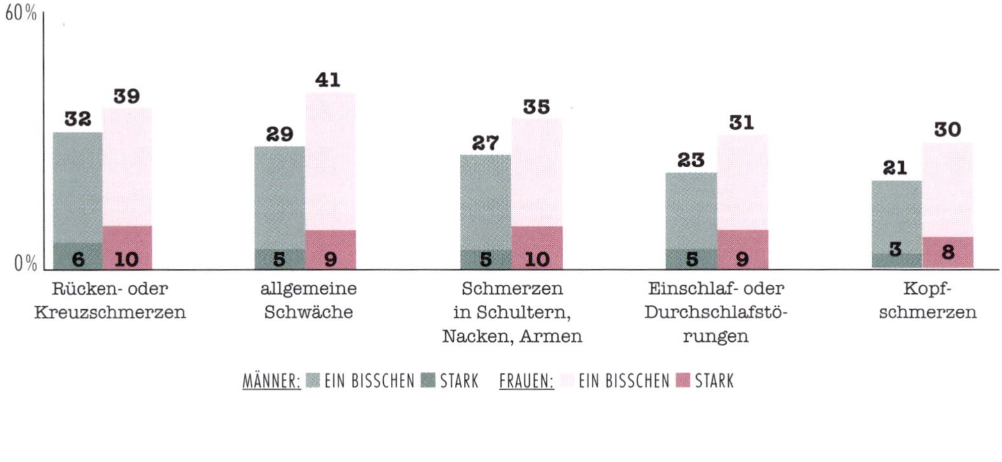

TODESFÄLLE DURCH KRANKHEIT

■ BEI MÄNNERN ■ BEI FRAUEN

- Erkrankungen des Kreislaufsystems 39 % | 34 %
- Krebs 24 % | 29 %
- Erkrankungen des Atmungssystems 7 % | 8 %
- Verletzungen, Vergiftungen und sonstige äußere Ursachen 4 % | 5 %
- Erkrankungen des Verdauungssystems 4 % | 5 %
- Nicht klassifizierte Symptome 3 % | 5 %
- Psychische und Verhaltensstörungen 8 % | 5 %
- Krankheiten des Nervensystems 4 % | 4 %
- Endokrine, Ernährungs- und Stoffwechselerkrankungen 4 % | 3 %
- Erkrankungen des Urogenitalsystems 3 % | 3 %

TODESFÄLLE IM STRASSENVERKEHR

TODESFÄLLE DURCH DROGENKONSUM

TODESFÄLLE BEI DER ARBEIT

96 % MÄNNER

4 % FRAUEN

Die Wahrscheinlichkeit, in Deutschland bei einem Arbeitsunfall zu sterben, ist geringer, als während Schwangerschaft oder Geburt ums Leben zu kommen.

BITCHES
BUTCHES
DYKES &
DIVAS
SLUTS &
QUEERS
UNITE

8

Körper & Geschlecht

Haare frisieren, Antifaltencreme auftragen, schminken, Beine, Achseln, Intimbereich rasieren, Augenbrauen zupfen, ins Fitnessstudio rennen – natürlich nur um schlank zu sein, weniger um gesund und fit zu bleiben – alle paar Monate eine kleine Diät machen und am Wochenende ein paar Augenringe wegschlafen: So oder so ähnlich sieht das Leben von über 50 Prozent aller Frauen aus. Die tägliche Pflege ihres Äußeren hat einen festen Platz in ihrem Alltag. Dabei ist es längst nicht mehr so, dass Frauen sich nur für die Partner:innensuche attraktiv zeigen wollen. Sexuelle Attraktivität ist ein wichtiges Statussymbol. Studien zeigen, dass eine attraktive, den Schönheitsnormen entsprechende Person mehr Anerkennung, Liebe, Aufmerksamkeit, Freundlichkeit und beruflichen Erfolg erfährt, als jemand, der als unattraktiv gilt. Davon sind Männer natürlich nicht ausgeschlossen. Immer mehr Männer stählen ihre Körper im Fitnessstudio, achten auf ihre Ernährung und sind leider auch immer häufiger von Essstörungen betroffen – wenn auch die Zahlen im Vergleich zu weiblichen Betroffenen immer noch gering sind. Eine zentrale Rolle für diese Entwicklung bei beiden Geschlechtern wird der zunehmenden Nutzung von Social Media-Kanälen zugeschrieben. Die ständige Möglichkeit, sich selbst mit scheinbar attraktiven oder attraktiv gephotoshopten Menschen vergleichen zu können, führt nachweislich zu großer Unzufriedenheit mit dem eigenen Aussehen. Für Frauen, deren vermeintlicher gesellschaftlicher Status leider schon immer enger mit ihrem Aussehen verbunden war, als das bei Männern der Fall ist, führt das zu einem hohen Druck, sich auch online jederzeit als attraktiv zu inszenieren. Sie nutzen besonders häufig das bildlastige Instagram und verwenden öfter Maßnahmen zur Bildoptimierung als Männer.

Aber Social Media-Kanäle wie Instagram verstärken nur die Symptome eines gesellschaftlichen Problems. Frauen wird ständig das Gefühl vermittelt, ihr Aussehen habe einen übermäßig großen Stellenwert für die Art, wie sie wahrgenommen werden. Wahrscheinlich jede Frau, die sich in der Öffentlichkeit äußert, kennt das Problem, dass nicht nur das, was sie sagt, Relevanz hat und kommentiert wird, sondern immer auch ihr Aussehen. Das sieht man besonders deutlich bei Politikerinnen. Nicht nur in den sozialen Netzwerken, sondern auch in seriösen Zeitungen wird ausführlich über das Gewicht von Grünen-Politikerin Ricarda Lang gesprochen oder über den Ausschnitt von Angela Merkel, die Frisur von Manuela Schwesig und die Schuhe von Dorothee Bär diskutiert. Es wird spekuliert, wer die heißeste FDP-Politikerin ist oder warum Annalena Baerbock eigentlich so selten einen Blazer trägt. Merkwürdig trivial erscheinen diese Themen, wenn man bedenkt, wie sehr diese klugen Frauen sich abrackern, um die Gesellschaft zu verändern. Frauen auf ihr Aussehen zu reduzieren, lenkt von dem ab, was sie zu sagen haben. Bei männlichen Politikern liest man dagegen selten etwas über ihre äußeren Attribute.

Es ist immer wieder vor allem der Frauenkörper, der bewertet und beurteilt wird. Dabei ist das, was man bei in der Öffentlichkeit stehenden Frauen beobachten kann, nur ein Beispiel dafür, wie Frauen in Bezug auf ihr Äußeres behandelt werden. 86 Prozent der gemeldeten Diskriminierung aufgrund äußerer Merkmale wie Gewicht oder Attraktivität entfallen auf Frauen. Da ist es wenig verwunderlich, dass Frauen großen Druck verspüren, viel Zeit und Geld in ihr Aussehen investieren, um den gesellschaftlichen Anforderungen zu entsprechen. Zeit, die Männer für andere Dinge haben.

Der Frauenkörper wird damit immer wieder zum Gegenstand gesellschaftlicher Debatten. Ist er schlank genug? Ist er zu wenig bekleidet? Darf er aus religiösen Gründen verhüllt werden? Dürfen Schwangerschaften abgebrochen werden? Wenn ja, wie dürfen Frauen Informationen darüber erhalten? Sollte hormonelle Verhütung erlaubt sein? Der gesellschaftliche Umgang mit dem weiblichen Körper passiert dabei oft auf Kosten der körperlichen Selbstbestimmung. Fraglich bleibt dann: Wie viel Macht haben Frauen noch über einen Körper, der gesellschaftlichen Schönheitsidealen entsprechen muss, ständig bewertet und kommentiert wird, der Gewalt erfährt und politischen Entscheidungen unterworfen ist? In jedem Fall zu wenig. Dass Frauen beispielsweise während der Einnahme der Pille jeden Monat eine siebentägige Pause machen und eine Abbruchblutung haben, die der Menstruationsblutung ähnelt, haben in den 60er-Jahren Wissenschaftler – wohlgemerkt Männer – entschieden, die der Frau bei der Pilleneinnahme ein Gefühl von Natürlichkeit geben wollten. Für die monatliche Blutung gibt es allerdings keine medizinische Notwendigkeit – Wissen, das Gynäkolog:innen erst seit relativ kurzer Zeit an ihre Patientinnen weitergeben. Auch die Debatte um die Pille danach und wie Frauen Zugang zu ihr bekommen sollten, wurde noch 2015 wortreich geführt. Das sei kein »Smartie«, hatte CDU-Mann Jens Spahn mit erhobenem Zeigefinger gemahnt. Ob man es den Frauen zutrauen könne, selbst über die Sinnhaftigkeit einer Einnahme zu entscheiden, hielt auch Ex-Gesundheitsminister Hermann Gröhe für zweifelhaft. Der musste allerdings auch wahrscheinlich noch nie am Wochenende in einer Notfallpraxis sitzen und einen fremden Arzt über den Verhütungsunfall der letzten Nacht aufklären, um ein Rezept für die Pille danach zu bekommen.

Auch vor dem männlichen Geschlecht machen gesellschaftliche Schönheitsideale nicht halt. Trotzdem sind es vor allem Frauen, die sich schminken, enthaaren, Diäten machen und operieren lassen, um als attraktiver zu gelten. Kein Wunder: Für den Status einer Frau scheint Attraktivität besonders wichtig zu sein. Frauen werden sehr viel häufiger aufgrund ihres Aussehens diskriminiert als Männer. Hier wirken Soziale Medien wie Instagram sogar noch verstärkend.

DEUTSCHLAND GEHÖRT ZU DEN LÄNDERN MIT DEN MEISTEN ÄSTHETISCH-PLASTISCHEN EINGRIFFEN WELTWEIT

ANTEIL AN ALLEN EINGRIFFEN IN DER ÄSTHETISCH-PLASTISCHEN CHIRURGIE

Damit ist der Anteil der Frauen sogar gestiegen. 2012 waren es noch 83,2 %.

VERTEILUNG DER HÄUFIGSTEN EINGRIFFE

Frauen	Eingriff	Männer
95 %	BOTOX	5 %
78 %	FETTABSAUGUNG	22 %
61 %	OBERLIDSTRAFFUNG	39 %
97 %	LIPPENKORREKTUR	3 %
100 %	BRUSTVERGRÖSSERUNG	0 %

MÄNNER FRAUEN

REGELMÄSSIGE MASSNAHMEN FÜR DIE EIGENE ATTRAKTIVITÄT

IM DURCHSCHNITT PRO FRAU ACHT MASSNAHMEN

Achselhaare entfernen **75 %**
Gesichts- und Antifaltencremes benutzen **75 %**
Beinhaare entfernen **74 %**
Ausreichend schlafen **63 %**
Gesund ernähren **62 %**
Haare im Intimbereich entfernen **59 %**
Make-up benutzen **59 %**
Augenbrauen zupfen **59 %**

IM DURCHSCHNITT PRO MANN VIER MASSNAHMEN

Ausreichend schlafen **45 %**
Regelmäßig zu Friseur:innen gehen **43 %**
Gesund ernähren **42 %**
Regelmäßig Sport treiben **37 %**

GELTEN ALS ÜBERGEWICHTIG

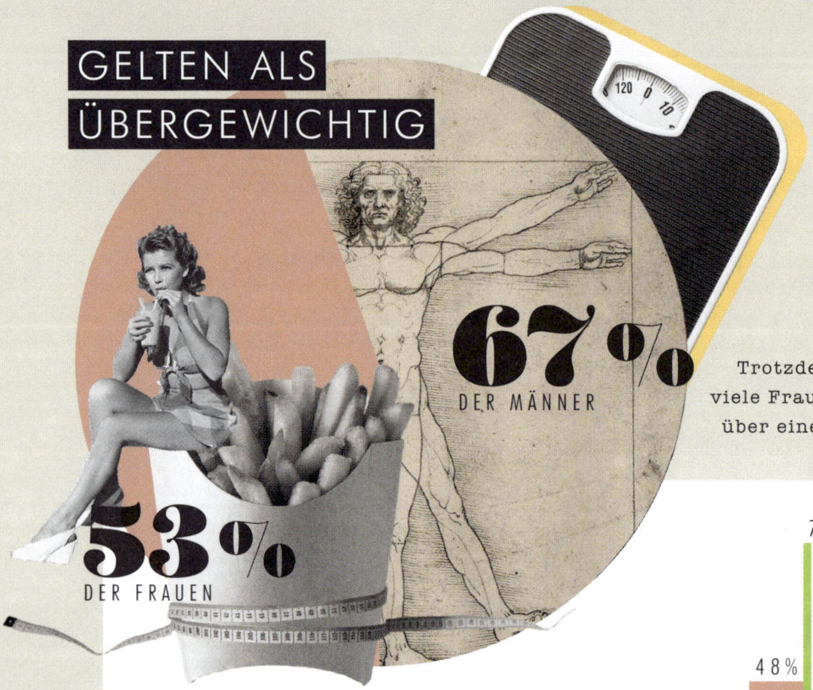

67 % DER MÄNNER

53 % DER FRAUEN

Trotzdem wären doppelt so viele Frauen wie Männer froh über eine Gewichtsabnahme.

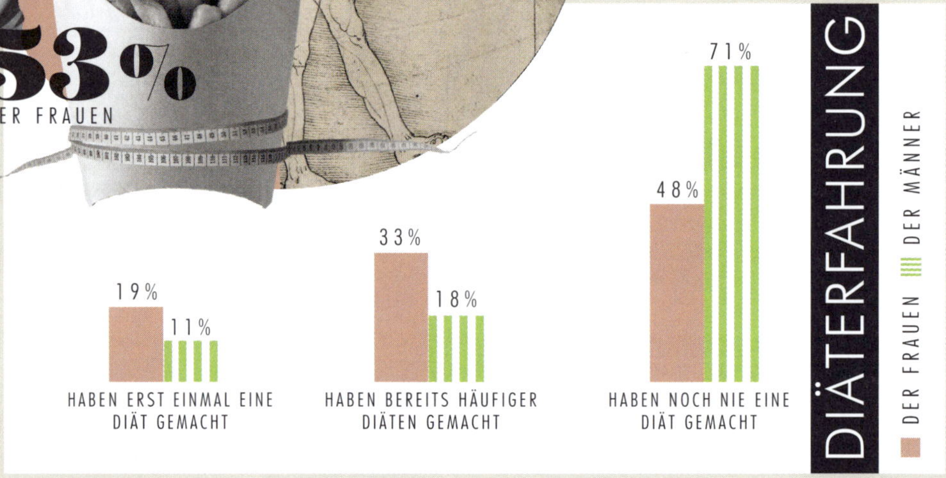

78 %
der 11–17-Jährigen glauben, dass es einen Zusammenhang zwischen Beliebtheit und »Dünnsein« gibt

52 %
der 12-jährigen Mädchen sind mit ihrem Gewicht zufrieden

33 %
der Mädchen ab 13 Jahren kontrollieren regelmäßig ihr Gewicht

29 %
aller Mädchen haben Symptome einer Essstörung

Bis zur Pubertät sind Jungen und Mädchen gleichermaßen von Essstörungen betroffen. Ab dem Alter von etwa zwölf nehmen die Zahlen bei Mädchen drastisch zu, bei Jungen hingegen sogar ab und bleiben auch im Erwachsenenalter konstant niedrig.

VON ESSSTÖRUNGEN BETROFFENE

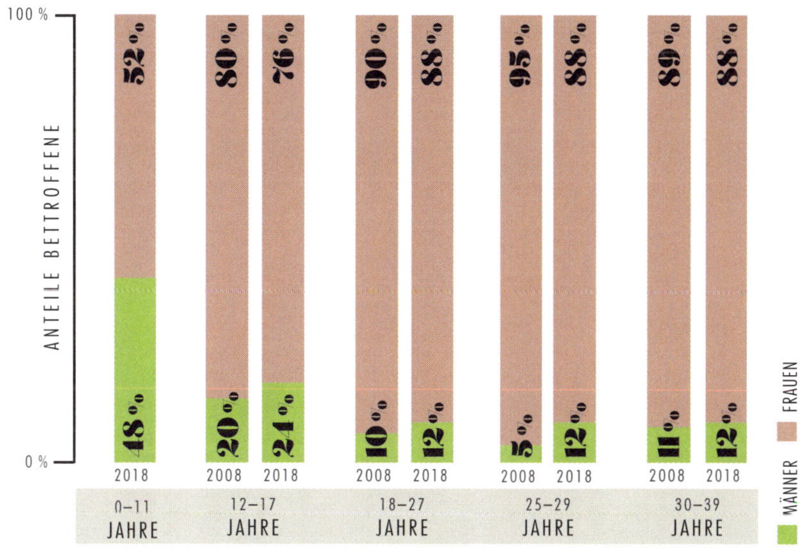

91 % der Patient:innen, DIE MIT EINER ESSSTÖRUNG IM KRANKENHAUS BEHANDELT WERDEN MÜSSEN, SIND FRAUEN

66 Frauen SIND IM JAHR 2017 AN DEN FOLGEN EINER ESSSTÖRUNG GESTORBEN

Es gibt drei verschiedene Arten von Essstörungen, die am häufigsten auftreten: Magersucht (Anorexia nervosa), Ess-/Brechsucht (Bulimie) und wiederkehrende Essanfälle (Binge-Eating-Syndrom). Alle drei Formen sind ernsthafte und schwer zu behandelnde Erkrankungen, die ihren Anfang meist in der Pubertät oder im jungen Erwachsenenalter nehmen. Besonders bei Magersucht und Bulimie kommt es oft zu Unterernährung und damit einhergehenden körperlichen Schäden, die sogar zum Tod führen können.

FRAUEN* MENSTRUIEREN IM LAUFE IHRES LEBENS …

2200 TAGE LANG

30 Liter BLUT

500 MAL

IN DIESER ZEIT ZAHLT EINE FRAU IM SCHNITT FÜR …

- ☑ Slipeinlagen: 144 €
- ☑ Binden: 480 €
- ☑ Schmerztabletten: 672 €
- ☑ Tampons: 1920 €

= 3216 €

Hersteller:innen müssen nicht angeben, woraus ihre Periodenprodukte bestehen. Daher enthalten viele Tampons und Binden schädliche Chemikalien wie Dioxin und Formaldehyd.

Was in dieser Rechnung fehlt, sind Kosten für Wärmflaschen, ruinierte Unterwäsche, Arbeitsausfälle und mindestens 100 Kilo Schokolade. Eine britische Umfrage von 2015 berücksichtigt diese Faktoren und kommt damit sogar auf einen Betrag von über 20.000 Euro, den Frauen im Laufe ihres Lebens für ihre Periode ausgeben. Immerhin werden Menstruationsprodukte seit 2020 in Deutschland nicht mehr wie Luxusgüter besteuert. Der Mehrwertsteuersatz wurde von 19 % auf 7 % gesenkt und die sogenannte Tamponsteuer damit abgeschafft. Das ist allerdings noch lange nicht in allen Ländern der Fall.

* Wir sprechen auf dieser Seite von Cis-Männern und Cis-Frauen. Die Menstruation hängt nicht zwangsläufig mit dem Geschlecht oder der geschlechtlichen Identität eines Menschen zusammen.

PERIODEN-ALLTAG

98 %
haben Beschwerden oder Schmerzen während ihrer Periode

43 %
sind bereits wegen starker Menstruationsschmerzen ihrer Arbeit ferngeblieben

15 %
fühlen sich bei Gesprächen über Menstruation unwohl

11 %
haben Periodenbeschwerden bei ihren Vorgesetzten angesprochen

10 %
ist der Kauf von Menstruationsprodukten unangenehm

JEDE DRITTE FRAU, DIE WEGEN MENSTRUATIONS-SCHMERZEN DER ARBEIT FERNBLEIBT, VERSCHWEIGT DEN GRUND AUS SCHAM.

Ungarn **27 %** Schweden **25 %**
Russland **20 %** Argentinien **21 %**
China **13 %** Deutschland **7 %**
Frankreich **6 %** USA **0-8 %**
Großbritannien **0 %** Kanada **0 %**
Australien **0 %**

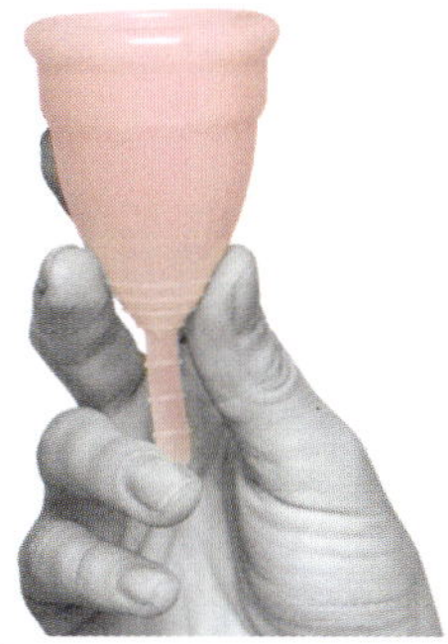

Besteuerung von Menstruations-produkten

MENSTRUATION UND PUBERTÄT

60 % DER MÄDCHEN HABEN EINE NEGATIVE EINSTELLUNG ZUM THEMA PERIODE **70 %** DER JUNGEN FINDEN DAS THEMA UNWICHTIG ODER PEINLICH **17 %** DER MÄDCHEN WISSEN NICHT, WAS MENSTRUATION EIGENTLICH BEDEUTET **34 %** DER JUNGEN WISSEN NICHT, WAS MENSTRUATION EIGENTLICH BEDEUTET **53 %** DER JUNGEN DENKEN, DIE MENSTRUATION DIENE DER VERHÜTUNG

Das Wissen über die eigene Biologie ermöglicht es Frauen, Entscheidungen über elementare Themen wie Verhütung und Schwangerschaft eigenmächtig zu treffen. Trotzdem haben Jungen und Mädchen auch heute noch eklatante Wissenslücken, wenn es um den weiblichen Zyklus geht. So kann über die Hälfte der Mädchen nichts mit Begriffen wie Menstruationszyklus oder Zykluslänge anfangen. Bei Jungen sind es sogar teilweise bis zu 80 %.

SHAME AND PAIN BEI MÄDCHEN …

33 % haben so starke Regelschmerzen, dass sie schon einmal dem Unterricht fernbleiben mussten

60 % würden ausschließlich mit einem Familienmitglied über ihre Beschwerden sprechen

20 % verheimlichen ihre Beschwerden komplett

VERHÜTUNGSMETHODEN NACH GESCHLECHT UND VERWENDUNG

Die meisten derzeit zugelassenen Verhütungsmittel sind ausschließlich für die Anwendung bei Frauen gedacht. Seit Jahren kommen keine neuen Verhütungsmethoden für den Mann auf den Markt, obwohl an einer Pille sowie an einer Hormonspritze für den Mann schon längst geforscht wird. Bisher scheiterte die Zulassung jedoch an teilweise auftretenden Nebenwirkungen wie Müdigkeit, Akne, Libidoverlust und Depressionen. Nebenwirkungen, die auch Frauen gut von der Pille kennen.

DIE PILLE

Häufigkeit von Nebenwirkungen

Zwischen- und Schmierblutungen: **42 %** Kopfschmerzen: **39 %** Gewichtszunahme: **33 %** Stimmungsschwankungen: **21 %** Unregelmäßige Periode: **16 %** Libidoverlust: **15 %** Depressive Verstimmungen: **14 %** Ausschlag oder Akne: **14 %** Übelkeit und Durchfall: **14 %** Wassereinlagerungen **11 %**

9 von 10 Frauen hatten bereits Nebenwirkungen während einer Pilleneinnahme

WAS KOSTET VERHÜTUNG?

Pille **72-240 € jährlich** | Kondom **0,50 Cent/Stück** | Kupferspirale **120-200€** | Hormonspirale **250-400 €** | Sterilisation Mann **300-400 €** | Kalendermethode **0 €** | Sterilisation Frau **500-1000 €** | Temperaturmethode **ca. 12 €** | Vaginalring **ca. 192 € jährlich** | Dreimonatsspritze **124-140 €**

WER ZAHLT FÜR VERHÜTUNG?

Bei der Aufteilung der Kosten spielt die finanzielle Situation* eine Rolle

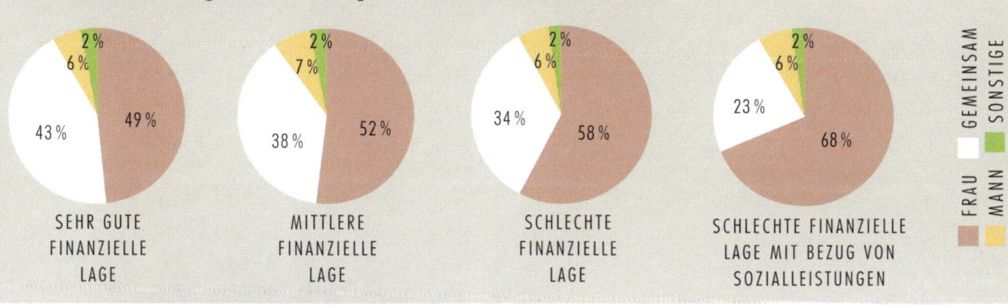

*nach eigener Einschätzung

SCHNIPP, SCHNAPP: STERILISATION

19 % der Frauen (im reproduktiven Alter) und 3 % der Männer … weltweit sind sterilisiert

Das einzige Verhütungsmittel, das Frauen und Männern gleichermaßen zur Verfügung steht, ist die Sterilisation. Ist die Familienplanung eines Paares endgültig abgeschlossen, können Männer an dieser Stelle beweisen, dass sie wirklich gleichermaßen Verantwortung für die Verhütung tragen wollen. Trotzdem sind weltweit mehr als sechsmal so viele Frauen wie Männer sterilisiert. Und das, obwohl eine Sterilisation beim Mann mit wesentlich weniger Aufwand und Kosten einhergeht: Der Eingriff wird beim Mann mit örtlicher Betäubung und einem sehr geringen gesundheitlichen Risiko durchgeführt, während eine Sterilisation bei der Frau eine Bauchoperation mit Vollnarkose bedeutet. In 90 % der Fälle ist es sogar möglich, die Sterilisation beim Mann rückgängig zu machen.

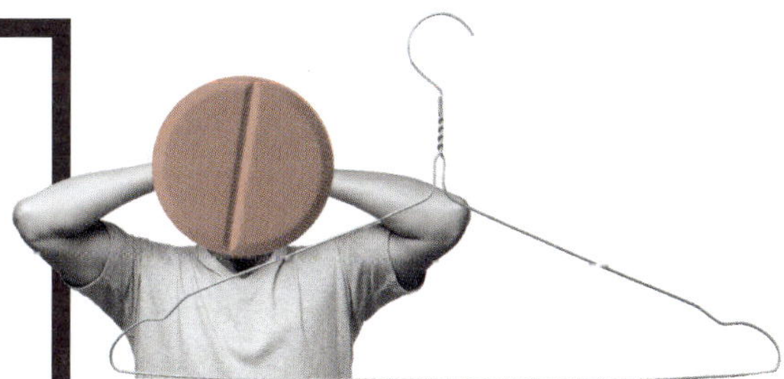

WENN'S SCHIEFGEHT

800.000 Mal pro Jahr wird die Pille danach in Deutschland verkauft

18-35 €/Packung
hoch dosiertes Hormon-Präparat, das in den Zyklus eingreift und sehr häufig Nebenwirkungen hat

100.000 Frauen entscheiden sich in Deutschland jährlich für einen Schwangerschaftsabbruch

350-700 € kostet ein Schwangerschaftsabbruch. Es gibt keine gesetzlichen Regelungen zur Kostenübernahme durch den beteiligten Partner, somit zahlt immer die Frau.

HABEN SICH IN DEN VERGANGENEN ZWÖLF MONATEN AUFGRUND DER TATSACHE, DASS SIE TRANS* PERSONEN SIND, DISKRIMINIERT ODER BELÄSTIGT GEFÜHLT.

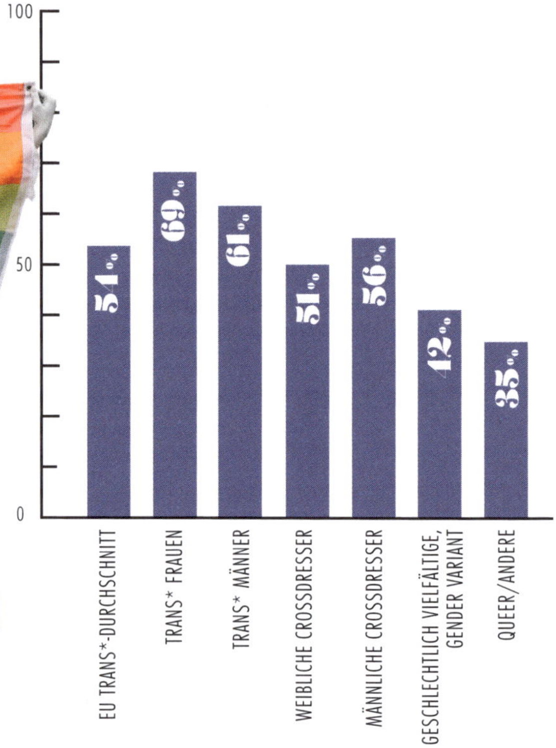

... BEI DER ARBEITSSUCHE UND AM ARBEITSPLATZ

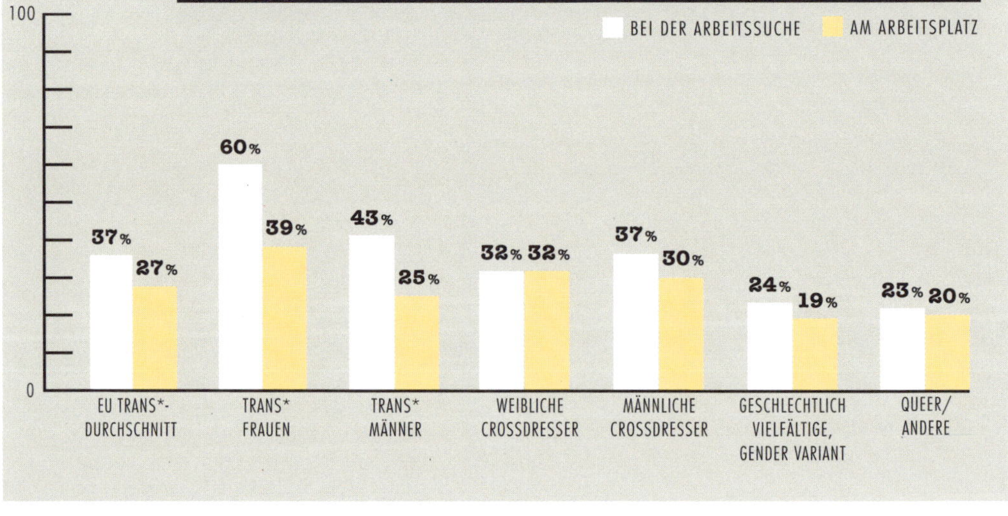

GRÜNDE, WESHALB DER JÜNGSTE DISKRIMINIERUNGSFALL NICHT GEMELDET WURDE

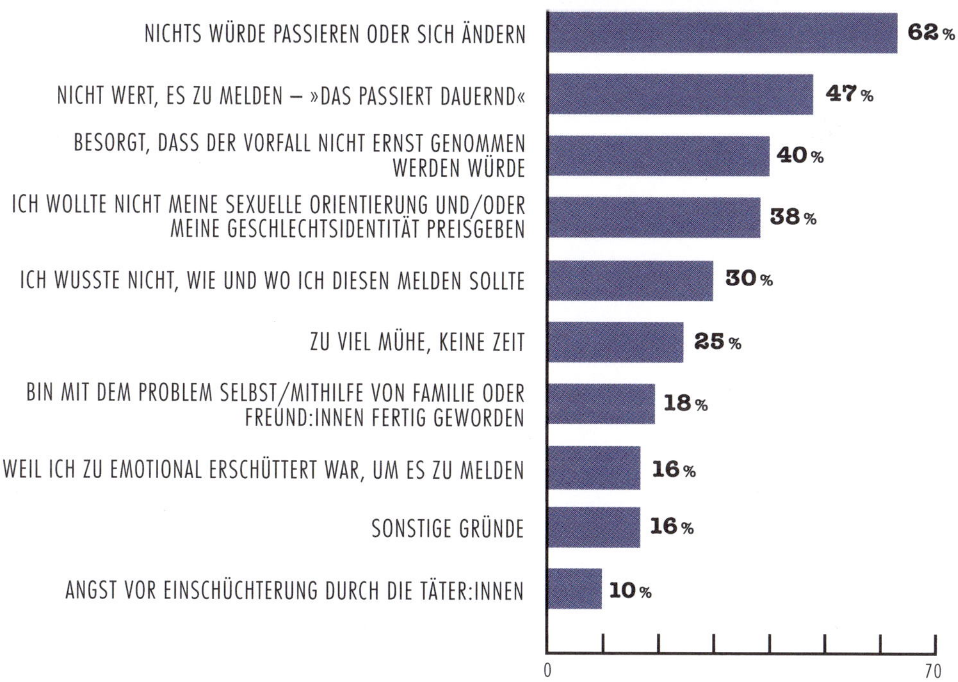

HÄUFIGKEIT VON GEWALT UND GEWALTANDROHUNGEN

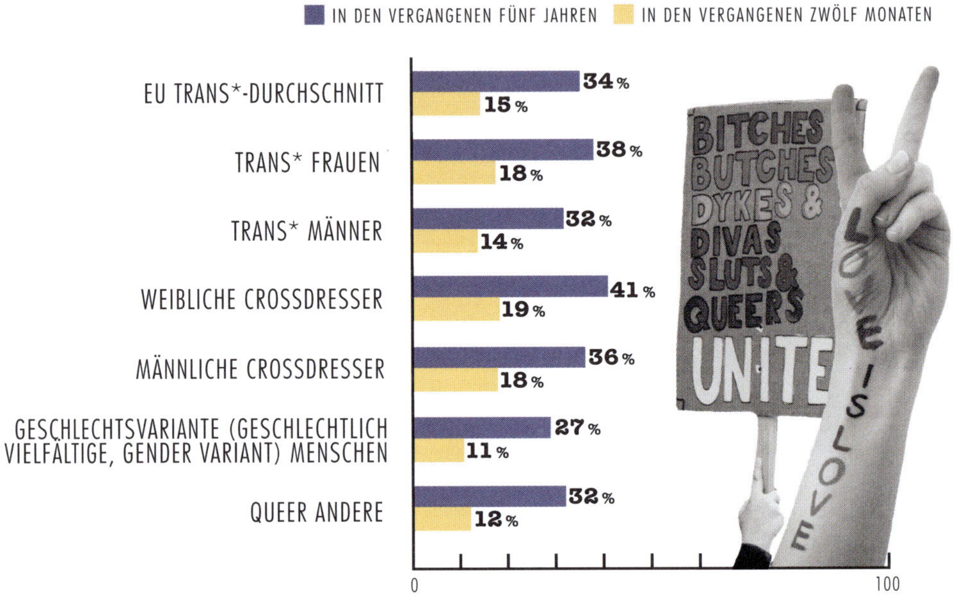

ZUSTIMMUNGEN ZU MÖGLICHKEITEN, DAS LEBEN FÜR TRANS* PERSONEN ANGENEHMER ZU MACHEN

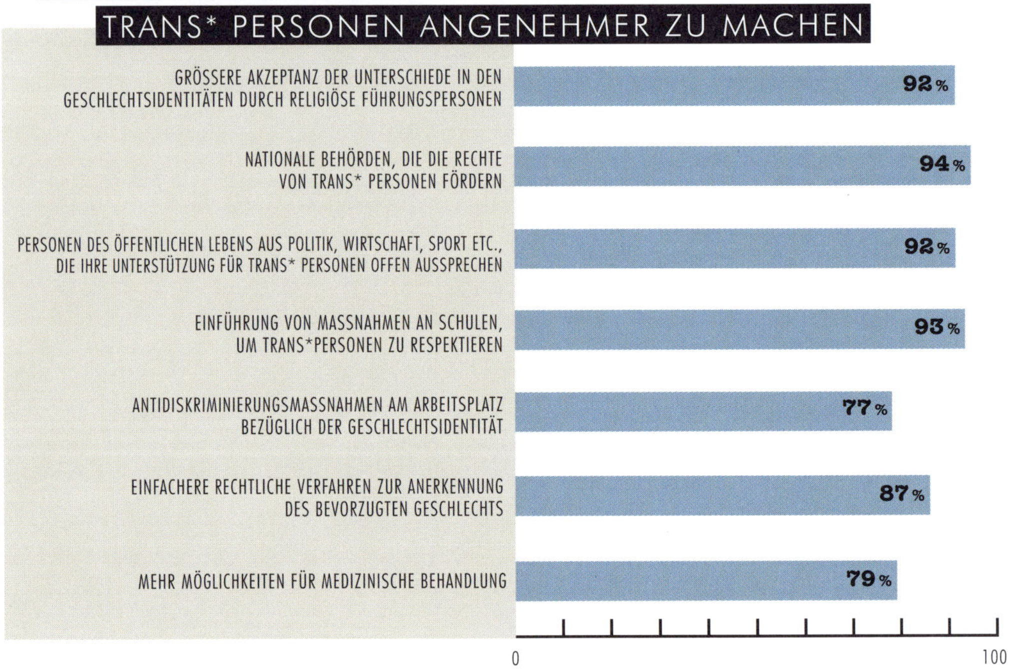

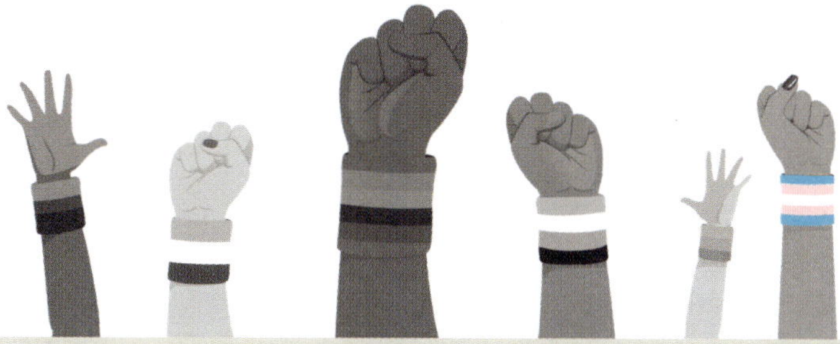

In Deutschland gibt es seit 1981 das Transsexuellen Gesetz (TSG). Damit ist es möglich, den männlichen Vornamen und Geschlechtseintrag in einen weiblichen zu ändern – und andersrum. Noch bis 2011 war hierfür Voraussetzung, dass sich die Person sterilisieren ließ und nicht verheiratet war. Das vor Gericht geführte Verfahren zum Wechsel von Vornamen und Geschlechtseintrag setzt immer noch voraus, dass das Zugehörigkeitsempfinden zum anderen Geschlecht seit mindestens drei Jahren besteht. Dies muss durch zwei unabhängige psychiatrische bzw. sexualmedizinische Gutachten bestätigt werden, die den Eindruck vermitteln, es handle sich beim trans* sein um eine Krankheit. Seit 2018 sind Änderungen des Geschlechtseintrags auch über das sogenannte Personenstandsgesetz möglich. Danach kann eine Person beantragen, dass ihr Geschlecht in »divers«, »männlich« oder »weiblich« geändert oder offengelassen wird. Dieses Verfahren wird nicht vor Gericht, sondern durch Standesämter geführt. Es ist schneller und trans*Personen brauchen statt eines psychiatrischen Gutachtens »nur« eine ärztliche Bescheinigung, die aussagt, dass eine »Variante der Geschlechtsentwicklung vorliegt«. In der Theorie viel einfacher als früher. Allerdings scheitern die Anträge von trans* Personen häufig viele Standesämter bestehen darauf, dass das Gesetz ausschließlich für intersexuelle Menschen gilt.

2020 wurden in Deutschland 94 Verurteilungen wegen Straftaten gegen Geschlecht oder sexuelle Identität gemeldet

500 LBS.
500 LBS.

9

Sport & Fitness

Der Sport gilt als letzte Bastion der Männlichkeit. Schließlich sind sogar radikale Feministinnen bereit einzuräumen: Männer sind im Durchschnitt körperlich überlegen.

Tatsächlich sind Männer durchschnittlich 12 cm größer, 10 bis 20 kg schwerer und haben einen höheren Muskelanteil im Körper. Trotzdem ist das allein kein Grund dafür, Männern im Sport prinzipiell eine bessere Leistung zu unterstellen. Frauen beispielsweise verstoffwechseln Fett schneller, was bei Ausdauerdisziplinen wie Ultramarathon von Vorteil ist. Hier liegen die Bestzeiten von Frauen und Männern nur 6 Prozent auseinander. Im Gewichtheben dagegen, wo es auf Muskelmasse ankommt, hat der stärkste Mann einen Abstand von 27 Prozent zur stärksten Frau. Pauschal die Leistungsfähigkeit von Männern und Frauen zu vergleichen, ist daher eigentlich nicht möglich. Es kommt auf die jeweilige sportliche Disziplin, die Bewegungsabläufe und auch das individuelle Leistungsniveau jeder:s Einzelnen an. Mit Sicherheit ist beispielsweise die deutsche Meisterin im Sprinten wesentlich schneller als der durchschnittliche Mann, auch wenn sie »nur« eine Frau ist. Trotzdem sitzt der Mythos des starken Mannes als der Held, der den Drachen erlegt, um die Jungfrau zu retten, tief. Und wir empfinden die Leistungen und Rekorde von Männern im Spitzensport oft als Bestätigung dieses Bildes. Dabei könnte sich die sportliche Leistung von Frauen der der Männer vielleicht sogar angleichen, würden Frauen sich nicht im Sport mit einer ganzen Reihe von Hürden konfrontiert sehen.

Das Fundament für die weibliche Benachteiligung im Sport wird schon in der Jugend gelegt: Jungen werden viel häufiger darin bestärkt, sich zu bewegen und wild zu sein, während Mädchen eher zu ruhigen Tätigkeiten wie malen, basteln oder lesen ermutigt werden. Dadurch sind Mädchen ca. 20 Prozent weniger körperlich aktiv. Jungen sind im Zuge dessen dagegen häufiger in Vereinen: 83 Prozent der Jungen und nur 63 Prozent der Mädchen zwischen sieben und 14 betreiben Sport innerhalb eines organisierten Sportvereins. Die meisten dieser Vereine sind historisch als Männervereine gewachsen. Frauen waren in vielen Sportarten lange nicht zugelassen. Das spürt man teilweise heute noch an strukturellen Problemen wie dem Fehlen von Damenumkleiden oder Trainerinnen, wodurch Mädchen von einer Mitgliedschaft abgeschreckt werden. Zusätzlich fehlen Mädchen häufig die weiblichen Vorbilder im Sport. Rund 90 Prozent der sportlichen Berichterstattung bezieht sich auf Männer. Immerhin hat der Männerfußball sogar seine eigene Sektion in der Tagesschau.

Frauen war es im Profisport auch lange gar nicht erlaubt, an Wettkämpfen teilzunehmen: Der Marathon ist erst seit 1984 ein Olympischer Frauensport, Frauenfußball ist seit 1996 und Frauenboxen erst seit 2012 bei Olympia zugelassen. Die Professionalisierung von Frauen im Sport gibt es also erst seit verhältnismäßig kurzer Zeit. Dieser Prozess wird aber auch dadurch erschwert, dass Frauenprofisport wesentlich schlechter finanziert ist. Die Preisgelder für Männer sind in der Regel wesentlich höher als für Frauen. Bei der Männerfußballweltmeisterschaft 2018 war das Preisgeld mehr als zehnmal so hoch wie bei den Frauen 2019. Im Tennis allerdings sind die Preisgelder gerechter verteilt. Hier protestierte eine Gruppe von Tennisspielerinnen, die *Original 9* genannt, angeführt von Billie Jean King, 1970 gegen die ungerechte Verteilung. Sie gründeten ihre eigene rein weibliche Tennistour und erreichten dadurch in einigen Turnieren gleiche Preisgelder für Männer und Frauen. In anderen Sportarten unvorstellbar. Deshalb sind heute die reichsten Sportlerinnen meistens Tennisspielerinnen.

Gleichzeitig sind professionelle Sportlerinnen mit Equipment konfrontiert, das nicht an den weiblichen Körper angepasst ist. Fußballschuhe oder Fahrradsättel beispielsweise, die für den männlichen Körper konzipiert wurden, können bei Frauen im schlimmsten Fall zu Verletzungen führen. Solange jedoch die Sicht auf den Leistungssport männlich dominiert ist, bleibt der Männerkörper auch im Sport das Maß aller Dinge. Ebenso wird erst seit Kurzem öffentlich darüber gesprochen, dass sich der Zyklus leider nicht immer zuverlässig auf feste Wettkampftage abstimmen lässt und eine olympische Goldmedaille mit Periodenschmerzen nicht ganz so leicht zu gewinnen ist. Als Fu Yuanhui, eine chinesische Schwimmerin, bei den Olympischen Spielen 2016 in Rio offensichtlich unter starken Krämpfen sagte, sie hätte Probleme gehabt, ihre Leistung abzurufen, weil ihre Periode gestern eingesetzt hatte, war das eine Sensation und brach alle Tabus. Bis dahin wurde so etwas nicht thematisiert.

Zusammengenommen sind all diese Umstände Grund für ein Ungleichgewicht, das mehr Relevanz für die Gleichberechtigung hat, als es auf den ersten Blick vermuten lässt. Denn obwohl für die allermeisten Menschen die Frage, ob Mann oder Frau die Platte weiter werfen oder besser in einen Sandkasten springen kann, nicht sonderlich wichtig erscheint, spielen diese sportlichen Stereotype für alle eine Rolle. Denn Frauen werden, wenn es um körperliche Arbeit im Alltag geht, oft zur Seite gedrängt. Frauen, die ihre Taschen und Umzugskisten gerne selbst tragen und auch körperlich auf ihre Selbstständigkeit Wert legen, sehen sich mit ständiger Bevormundung konfrontiert. Aber die Annahme, Frauen wären aufgrund ihres Geschlechts schwächer, verletzt das Selbstbewusstsein und vermittelt ein Gefühl von Abhängigkeit und Hilflosigkeit, wo ein Gefühl von Stärke und Selbstständigkeit angemessen und nützlich wäre. Männer auf der anderen Seite, die den Schrank nicht selbst geschleppt kriegen, renken sich lieber mal den Rücken aus, als um Hilfe zu bitten. Man möchte ja nicht am Ende als schwach bezeichnet werden. Denn das will wirklich niemand.

Es scheint inzwischen ein recht breites Verständnis von sozialem Geschlecht und den damit einhergehenden Auswirkungen auf die Lebenswirklichkeiten von Frauen und Männern zu geben. Der Sport stellt hier aber noch eine Ausnahme dar. Unterschiede in sportlichen Erfolgen oder sogar der Bezahlung der Sportler:innen glauben wir allein durch körperliche Unterschiede erklären zu können. Ein Blick auf die Entwicklung der Bestzeiten beim Marathon oder die unterschiedlichen finanziellen Anreize lassen aber vermuten, dass mehr dahinterstecken könnte als nur körperliche Unterschiede.

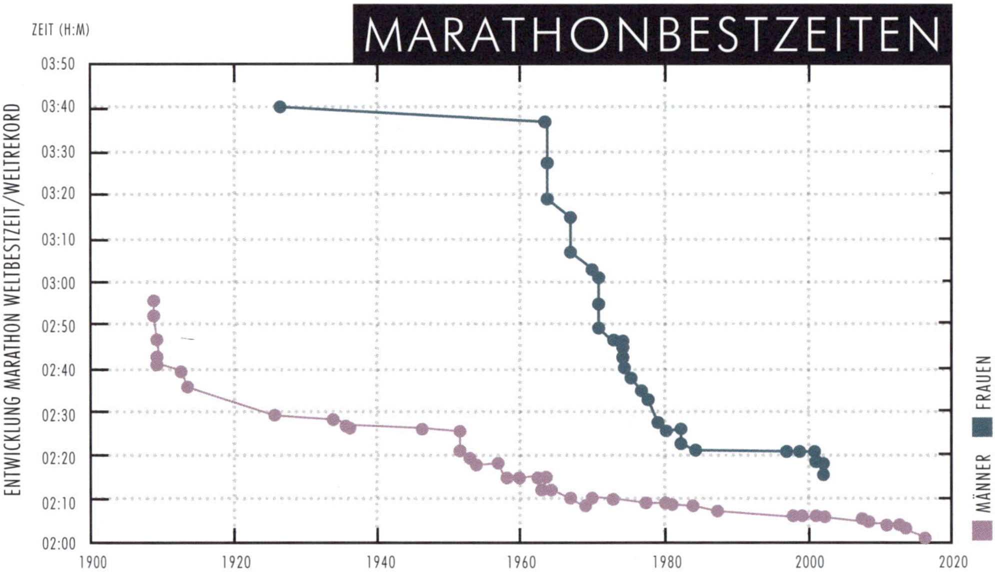

1967 lief Kathrine Virginia Switzer als erste Frau einen Marathon. Zu der Zeit war das Marathonlaufen für Frauen noch verboten, weil ihre vermeintlich schwachen Frauenkörper dafür zu fragil seien. Switzer meldete sich als K. V. Switzer beim Boston-Marathon an und lief trotzdem mit. Obwohl der Wettkampfdirektor, nachdem klar wurde, dass K. V. Switzer in Wirklichkeit eine Frau war, versuchte, sie mit Gewalt aus dem Rennen zu ziehen, gelang es ihr, den Marathon in 4 Stunden und 20 Minuten zu bewältigen. Seit 1972 dürfen Frauen offiziell beim Boston-Marathon mitlaufen. Seit 1984 ist der Marathonlauf eine olympische Disziplin.

TOUR DE FRANCE

Seit 119 Jahren gibt es keine Tour de France für FRAUEN. 1903 fand die erste Tour de France der MÄNNER statt

9 DER 10 WELTWEIT BESTBEZAHLTEN SPORTLERINNEN SIND TENNISSPIELERINNEN

Bei vier Grand Slam Turnieren bekommen Frauen die gleichen Preisgelder wie Männer. Das haben Tennisspielerinnen zu einem großen Teil Billie Jean King zu verdanken, die in den 1970ern für ihre Gleichbezahlung kämpfte. Ein Meilenstein in diesem Kampf war der »Battle of the Sexes«, wo Billie Jean King in dem meistgesehenen Tennisspiel aller Zeiten gegen den ehemaligen Topspieler Bobby Riggs spielte und gewann.

Billie Jean King und Bobby Riggs

FUSSBALL-WM-PREISGELDER

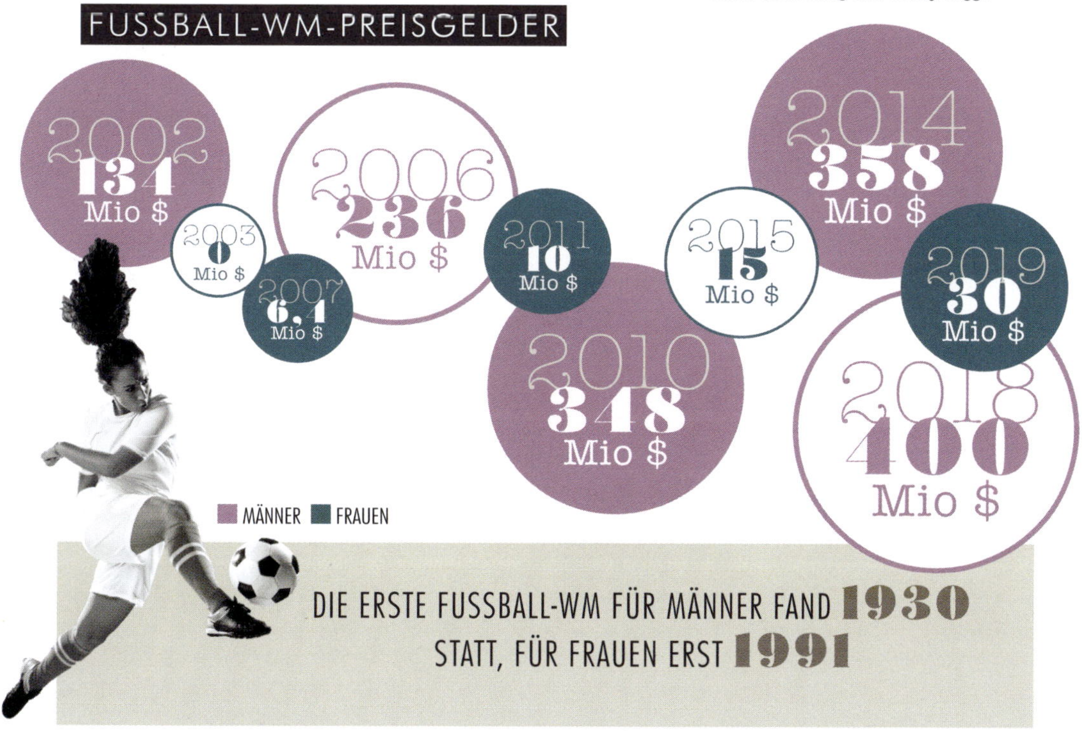

DIE ERSTE FUSSBALL-WM FÜR MÄNNER FAND **1930** STATT, FÜR FRAUEN ERST **1991**

FRAUEN BEI DEN OLYMPISCHEN SPIELEN

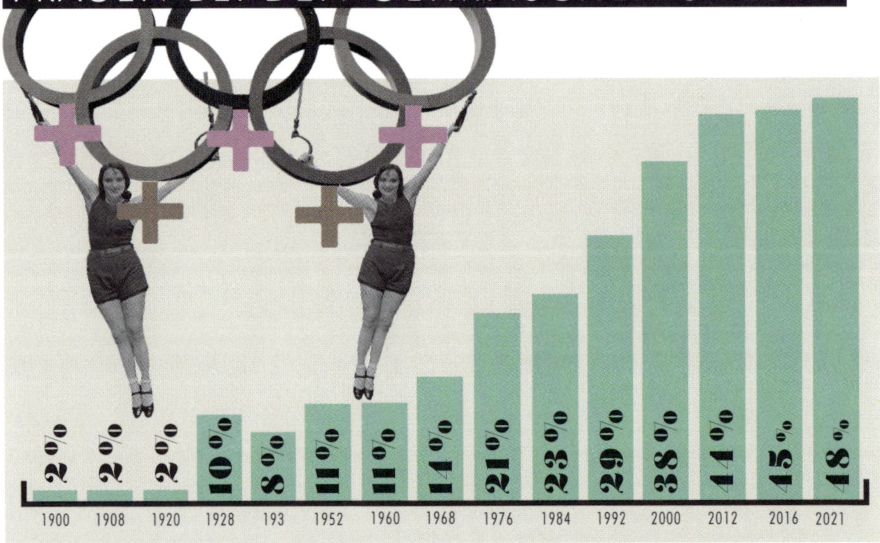

WANN DURFTEN FRAUEN AN DEN OLYMPISCHEN SPIELEN TEILNEHMEN?

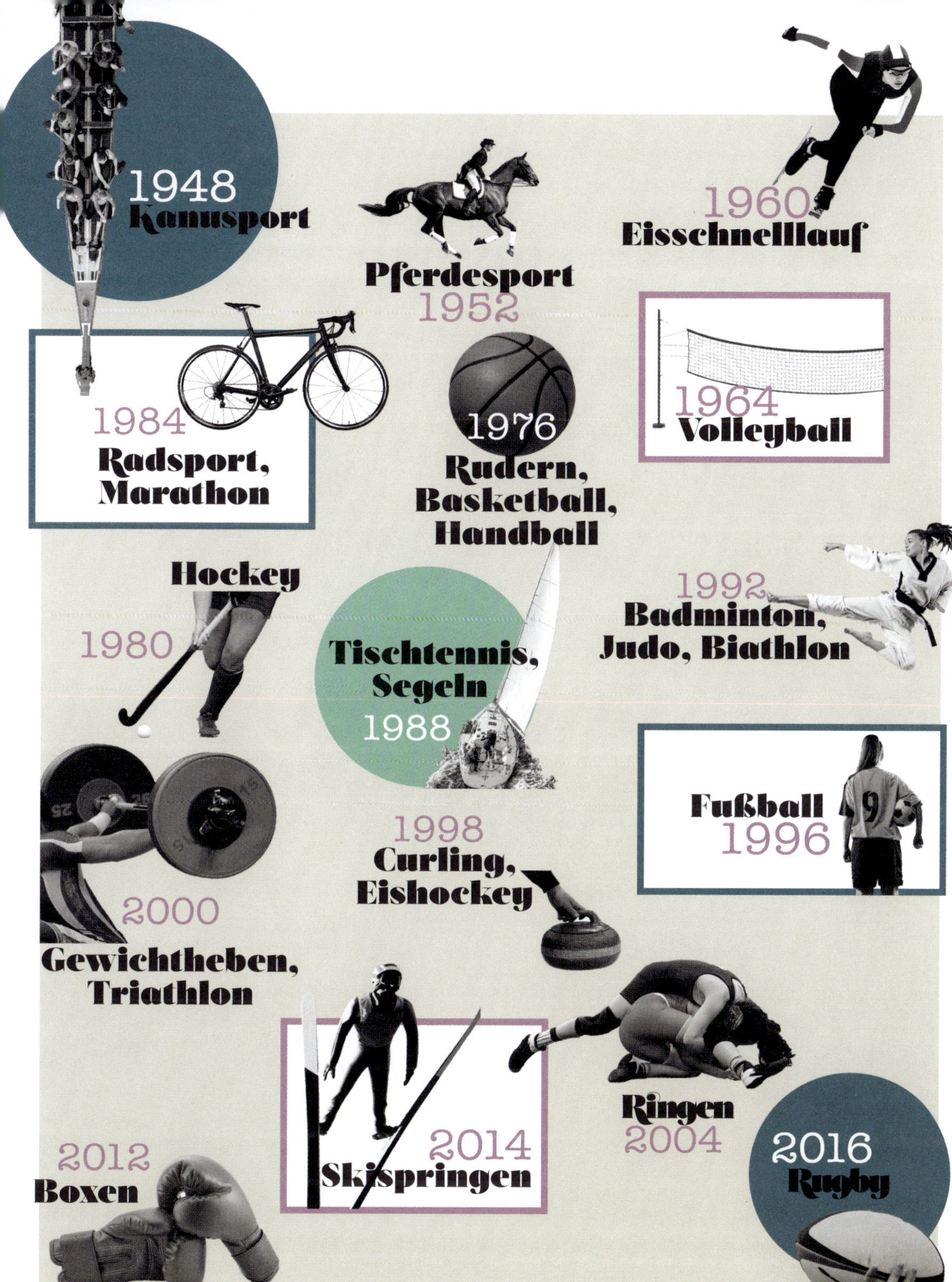

DIE GEWICHTHEBERIN LAUREL HUBBARD WAR 2021 IN TOKIO DIE ERSTE TRANSGENDER ATHLETIN, DIE BEI DEN OLYMPISCHEN SPIELEN ANTRAT

MACHEN NIE SPORT

45 % DER FRAUEN

39 % DER MÄNNER

MACHEN MEHRMALS DIE WOCHE SPORT:

16 % DER FRAUEN

21 % DER MÄNNER

WARUM BETREIBEN WIR SPORT?

MÄNNER

64 % um mich wohlzufühlen

52 % um Stress abzubauen

47 % um Spaß zu haben

34 % um abzunehmen

FRAUEN

64 % um mich wohlzufühlen

46 % um Stress abzubauen

44 % um abzunehmen

39 % um Spaß zu haben

IM DURCHSCHNITT SIND

FRAUEN

81 min

MÄNNER

90 min

IN DER WOCHE MIT DEM FAHRRAD ODER ZU FUSS UNTERWEGS

14- BIS 17-JÄHRIGE, DEREN VORBILDER SPORTLER:INNEN SIND:
29 % BEI JUNGEN
3 % BEI MÄDCHEN

90 % der sportlichen Berichterstattung bezieht sich auf Männer

Am Berlin Marathon 2021 nahmen ca. 2,5 mal so viele Männer wie Frauen teil

Weniger als 25 % der Triathlet:innen bei Amateurwettbewerben sind Frauen

DER GRÖSSTE DEUTSCHE SPORTVERBAND IST MIT 7,2 MILLIONEN MITGLIEDERN DER DEUTSCHE FUSSBALLBUND. DAVON SIND 6 MILLIONEN MÄNNER

Sport reduziert Stress, hält physisch und psychisch gesund und steigert die allgemeine Belastbarkeit im Alltag. Trotzdem machen 45 % der Frauen gar keinen Sport. Frauen, die in Partnerschaften leben und Kinder haben, noch seltener, denn Frauen geben als Grund dafür häufiger Zeitmangel an als Männer. Wenn sie die Zeit finden, dann häufiger als Männer um abzunehmen und seltener als Männer um Spaß zu haben. Außerdem stoßen Frauen und Mädchen in typischen »Männersportarten« häufiger auf Barrieren, wie das Fehlen von Umkleiden oder Frauen-Teams. Auch die mediale Aufmerksamkeit, die dem Männersport zuteil wird, bietet Jungen Vorbilder, auf die Mädchen oft verzichten müssen.

10

Geld & Arbeit

Frauen haben weniger Geld als Männer. In Westdeutschland erwirtschaftet eine Frau im Laufe ihres Lebens 670.000 Euro weniger als ein Mann, was in etwa dem Wert eines netten Einfamilienhauses entspricht. In den neuen Bundesländern fällt der Unterschied geringer aus: Hier erwirtschaften Frauen »nur« 440.000 Euro weniger. Das sind wahnsinnig hohe Summen. Vor allem, wenn man bedenkt, dass Frauen bessere Schulabschlüsse machen und zu gleichen Teilen studieren wie Männer. Irgendwo auf dem Weg zwischen Studienabschluss und Rente muss für Frauen also einiges schieflaufen. Vieles steht selbstverständlich wieder im Zusammenhang mit Ehe und Kindern. Für die meisten Frauen bedeutet Mutter zu werden eine große finanzielle Einbuße: Die finanzielle Situation von kinderlosen Frauen sieht im Schnitt wesentlich besser aus. Längere Elternzeiten und darauffolgende Teilzeittätigkeiten führen zu flachen Karrierekurven und schließlich niedrigen Renten am Ende des Erwerbslebens. Karriereverläufe und die finanzielle Absicherung von Vätern und kinderlosen Männern unterscheiden sich dagegen kaum voneinander. Da könnte man zuerst einmal grundsätzlich infrage stellen, warum die Tatsache, Kinder zu bekommen, so schlecht in die derzeitige Struktur des Arbeitsmarktes passt. Immerhin bekommen 79 Prozent aller Frauen Kinder. Aber selbst wenn alle Frauen morgen aufhören würden, Kinder zu bekommen, wäre der durchschnittlichen Bruttostundenlohn von Männern immer noch höher als der von Frauen. Das liegt vor allen Dingen daran, dass in Branchen, in denen überwiegend Frauen arbeiten, wesentlich schlechter bezahlt wird als in Branchen, in denen mehr Männer tätig sind.

Ein wichtiges Beispiel dafür ist der Gesundheits- und Sozialsektor. Hier sind 77 Prozent der Beschäftigten Frauen. Sie stellen den Großteil der Hebammen, der Erzieher:innen und der Pflegekräfte. Ohne Frage Berufe mit enormer Verantwortung und Belastung, die – wie wir alle seit Corona wissen – systemrelevant sind. Trotzdem verdient man in diesen Berufen gerade einmal um die 2000 Euro netto. Arbeitet man aufgrund einer zu versorgenden Familie auch noch in Teilzeit, ist das Gehalt nicht mehr hoch genug, um im Alter auf eine ausreichende Rente hoffen zu können. Dabei haben viele Erzieher:innen inzwischen sogar studiert und auch der Beruf der Hebamme wird immer weiter akademisiert. Schaut man dagegen eine typische Männerbranche an, so fallen hier sofort die hohen Gehälter auf. Als IT-Fachkraft verdient man beim Einstieg im Schnitt 2600 Euro netto im Monat. Der Frauenanteil in dem Berufsfeld beträgt nur 15 Prozent. Dabei kann man nicht behaupten, dass Frauen sich nicht für das Thema interessieren, sie wurden nur Stück für Stück aus einer gut bezahlten Branche gedrängt. Seit 1970 ist der Frauenanteil in der Informatik in westlichen Ländern um 50 Prozent gesunken. In Ländern wie beispielsweise dem Iran oder Kuwait dagegen machen Frauen über 50 Prozent der Informatikstudierenden aus. Auch in anderen naturwissenschaftlichen und mathematischen Studiengängen sind Frauen in diesen Ländern in der Überzahl.

In Deutschland tummeln Männer sich also in erster Linie da, wo gut bezahlt wird – und dementsprechend auch in Führungspositionen. Branchenübergreifend lässt sich feststellen, dass der Männeranteil steigt, je höher es die Karriereleiter hinaufgeht. So sind zwar bereits seit über 15 Jahren 60 Prozent der Medizinstudierenden weiblich, aber heute trotzdem nur 33 Prozent der Oberärzt:innen Frauen. In Führungspositionen an Unikliniken, also unter den Klinikdirektor:innen und Institutsleiter:innen, machen Frauen sogar nur noch 10 Prozent der besetzten Stellen aus. Frauen stoßen anscheinend im Berufsleben immer noch an die sogenannte Gläserne Decke. Das bedeutet, selbst wenn sie ebenso gut oder sogar besser qualifiziert sind als Männer, gelangen sie trotzdem nicht an die Spitze der Karriereleiter. Seit Jahren bewegt sich in dieser Sache nur wenig: Der Anteil an Frauen in Führungspositionen in Deutschland ist seit 2012 um nicht einmal 1 Prozentpunkt gestiegen. Die Frauenquote konnte zumindest in einigen wenigen Unternehmen für eine Verbesserung sorgen. Allerdings greift die Frauenquote nur für eine verschwindend geringe Menge an Frauen. Lediglich für um die

100 Unternehmen gibt es verbindliche Vorgaben. Das macht am Ende für nur sehr wenige Frauen einen Unterschied – und die Gläserne Decke scheint davon nicht wirklich dünner zu werden. Doch zu viele Unternehmen lehnen die freiwillige Einführung einer Quote ab und so bleiben die Probleme bestehen. Auch von politischer Seite werden in Sachen Quote nur zaghafte Schritte gewagt. Frauen wird im Zuge dessen übrigens gerne »Rosinenpickerei« vorgeworfen. Sie würden zwar die gut bezahlten Führungspositionen haben wollen, aber auf eine Quote bei der Müllabfuhr hätten sie ja wahrscheinlich keine Lust. Das Anstrengendste, was diese Menschen, die mit Vorwürfen um sich schmeißen, sich anscheinend vorstellen können, ist die Mülltonnen anderer zu leeren. Vielleicht würden sie das anders sehen, wenn sie einmal einen Tag als Reinigungskraft, Erzieher:in oder Pflegekraft gearbeitet hätten.

Der Gender-Pay-Gap gibt an, wie viel Frauen pro Stunde im Schnitt weniger verdienen als ihre männlichen Kollegen. Da Frauen aber häufig in Teilzeit arbeiten, um Kinder, Arbeit und Haushalt unter einen Hut zu bringen, verdienen sie monatlich wesentlich weniger als der Gender-Pay-Gap vermuten lässt.
Der sogenannte »bereinigte« Pay Gap dagegen sagt aus, wie viel Frauen pro Stunde durchschnittlich weniger verdienen, deren Lebensläufe und Beschäftigungsumfang sich kaum von ihren männlichen Kollegen unterscheiden. Strukturelle Ungerechtigkeiten spielen hier keine Rolle, es geht also nur darum, dass Arbeitgeber:innen Frauen allein aufgrund ihres Geschlechts schlechter bezahlen.

FRAUEN VERDIENEN PRO STUNDE DURCHSCHNITTLICH 18 % WENIGER ALS MÄNNER

6 % IN OSTDEUTSCHLAND

20 % IN WESTDEUTSCHLAND

7 % IM ÖFFENTLICHEN DIENST

20 % IN DER PRIVATWIRTSCHAFT

16 % IN DEN EU-27-LÄNDERN

VERDIENSTUNTERSCHIEDE IN DEN WIRTSCHAFTSZWEIGEN

Kunst, Unterhaltung und Erholung **31 %**
Freiberufliche wissenschaftliche und technische Dienstleistungen **27 %**
Gesundheits- und Sozialwesen **24 %**
Banken und Versicherungen **23 %**
Information und Kommunikation **23 %**
Verarbeitendes Gewerbe **22 %**
Instandhaltung und Reparatur von Kraftfahrzeugen **21 %**
Gastgewerbe **8 %**
Bergbau und Gewinnung von Steinen und Erden **8 %**
Verkehr und Lagerei **5 %**
Abwasser- und Abfallentsorgung und Beseitigung von Umweltverschmutzungen **2 %**

IN KEINEM WIRTSCHAFTSZWEIG VERDIENEN FRAUEN **mehr** ALS MÄNNER

VERDIENSTUNTERSCHIEDE IM ZEEITVERLAUF

1999 … **19 %**

2009 … **23 %**

2019 … **19 %**

2020 … **18 %**

BEREINIGTER VERDIENSTUNTERSCHIED **6 %**

Der bereinigte Pay Gap rechnet Verdienstabstände heraus, die aufgrund struktureller Ungleichheiten bestehen, zum Beispiel Beschäftigungsumfang, Berufserfahrung oder Bildungsstand

77 % der Frauen

83 % derMänner

SIND ERWERBSTÄTIG

6,3 % der Männer

5,5 % der Frauen

SIND ARBEITSLOS GEMELDET

55 % der Langzeitarbeitslosen sind männlich

ARBEITEN IN TEILZEIT IN DEUTSCHLAND

11 % der Männer

48 % der Frauen

ARBEITEN IN TEILZEIT IN DEN EU-27

8 % der Männer

29 % der Frauen

ERWERBSTÄTIGE ELTERN VON MINDERJÄHRIGEN KINDERN IN TEILZEIT

6 % DER MÄNNER

66 % DER FRAUEN

FRAUENANTEIL NACH WIRTSCHAFTSZWEIG

Häusliche Dienste **85 %**

Gesundheits- und Sozialwesen **77 %**

Erziehung und Unterricht **71 %**

Wasserversorgung und Entsorgung **19 %**

Bergbau und Gewinnung von Steinen und Erden **13 %**

Baugewerbe **13 %**

Beschäftigte im Gesundheits- und Sozialwesen

77 %

WEIBLICH

PFLEGER:INNEN

ANTEIL WEIBLICHER PFLEGENDER IN STATIONÄREN PFLEGEDIENSTEN: **83 %**

ANTEIL MÄNNLICHER AUSZUBILDENDER IM PFLEGEBEREICH **22 %**

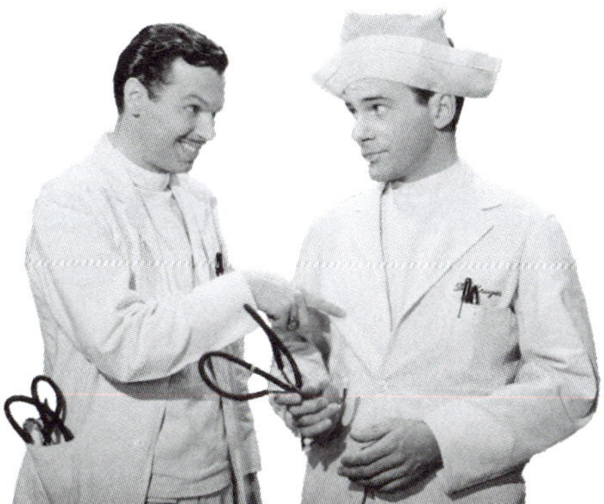

FÜHRUNGSPOSITIONEN IN PFLEGEHEIMEN

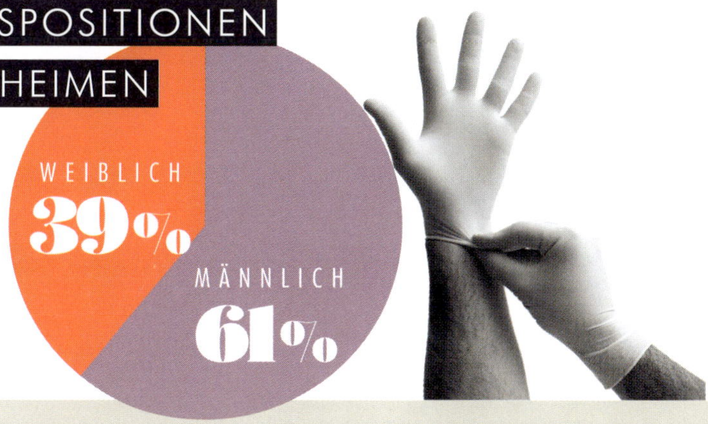

Ein:e Pfleger:in verdient ohne Schichtzulagen beim Berufseinstieg Netto in Steuerklasse I ca. 1700 Euro

HEBAMMEN

IN DEUTSCHLAND SIND LAUT DEUTSCHEM HEBAMMENVERBAND VON CA. **24.000** HEBAMMEN **6** MÄNNLICH

Eine Hebamme verdient beim Berufseinstieg ohne Schichtzulagen Netto in Steuerklasse I ca. 2000 Euro

ANZAHL DEUTSCHER KLINIKEN MIT GEBURTSSTATIONEN

1991 … **1186**
2017 … **672**

GRÜNDE VON GEBURTSKLINIKEN FÜR DIE NICHTAUFNAHME VON SCHWANGEREN MIT WEHENTÄTIGKEITEN

Mangel an räumlichen Kapazitäten **50 %**

Mangel an Hebammen **43 %**

Mangel an ärztlichem Personal **6 %**

ERZIEHER:INNEN

MÄNNERANTEIL AN ERZIEHER:INNEN

2011	2021
3,8%	**7,4%**

Für Berufe im Pflege- und Sozialbereich ist das Einkommen anscheinend nicht so wichtig. Schließlich werden Pfleger:innen und Erzieher:innen in Liebe und Dankbarkeit bezahlt. Das muss offensichtlich reichen, denn obwohl Ausbildung bzw. Studium genauso lang, anspruchsvoll und aufwendig sind wie zum Beispiel die Ausbildung zur Fachinformatiker:in, scheint sich daran leider nicht viel zu ändern. Gleichzeitig fehlen Fachkräfte im Pflege- und Sozialbereich an allen Ecken und Enden.

Ein:e Erzieher:in verdient beim Berufseinstieg Netto in Steuerklasse I ca. 1900 Euro

Frauenanteil in der IT-Branche 16 %

1950er Jahre Computer

BEREINIGTER GENDER-PAY-GAP IN DER IT-BRANCHE 7 %

Der bereinigte Pay Gap rechnet Verdienstabstände heraus, die aufgrund struktureller Unterschiede bestehen, zum Beispiel Beschäftigungsumfang, Berufserfahrung oder Bildungsstand.

76 %

DER BETRIEBE IN DER IT-BRANCHE SIND KLEINSTBETRIEBE

HIER BETRÄGT DER BEREINIGTE GENDER-PAY-GAP 15 %

ANTEIL WEIBLICHER FÜHRUNGSKRÄFTE IM VERHÄLTNIS ZUM ANTEIL WEIBLICHER BESCHÄFTIGTER: 0,2*

*Der Wert läge dann bei 1, wenn Frauen in Führungspositionen gemäß ihrem Anteil an allen Beschäftigten repräsentiert wären.

Die IT-Branche ist super männlich. Das war aber nicht immer der Fall. Bis in die 1960er-Jahre war der Beruf der Programmiererin typisch weiblich – inklusive schlechter Bezahlung und fehlender Anerkennung. Und auch in osteuropäischen Ländern werden heute noch Berufe in der IT-Branche wesentlich häufiger von Frauen ergriffen als in Deutschland oder in den USA. Frauen fehlt es also offensichtlich nicht an den für den Beruf relevanten Fähigkeiten. Mit Blick auf die vielen Sexismusskandale aus dem Silicon Valley, zum Beispiel bei Uber und Google, ist die ungleiche Geschlechterverteilung in der Branche und die Tatsache, dass sich daran nur langsam etwas ändert, allerdings nicht besonders überraschend.

16 % der Start-ups in der IT-Branche werden von FRAUEN gegründet … 5 % in der Hightechbranche

FRAUEN UND MÄNNER ARBEITEN IN IT-BERUFEN SELTENER IN TEILZEIT

FRAUEN IN TEILZEIT **19 %**

MÄNNER IN TEILZEIT **5 %**

GEHÖREN ZUR DIGITALBRANCHE

9 % ALLER GRÜNDERINNENTEAMS

36 % ALLER GRÜNDERTEAMS

BEKOMMEN STARTKAPITAL VON BUSINESS ANGELS*

22 % aller Männerteams

10 % aller Frauenteams

STAATLICHE FÖRDERUNG

36 % aller Männerteams

21 % aller Frauenteams

*Investor:innen, die mit Kapital und Know-how unterstützen

VERWENDEN FÜR IHRE GRÜNDUNG KAPITAL VON FAMILIE UND FREUND:INNEN

30 % aller Männerteams

45 % aller Frauenteams

50 % DER FRAUEN IM MINT-BEREICH ERFAHREN GESCHLECHTSBEZOGENE NACHTEILE. IN ANDEREN BRANCHEN SIND ES ›NUR‹ **41 %**

29 % bekommen für ihre Kompetenzen keine Anerkennung

20 % erleben kleinere Kränkungen

18 % geben an, weniger Unterstützung von ihren Führungskräften als ihre männlichen Kollegen zu erhalten

Laut Deutschem Start-up Monitor kennzeichnen besonders drei Merkmale das Wesen von Start-ups: Sie sind in der Regel jünger als zehn Jahre, sie haben ein geplantes Mitarbeiterwachstum und/oder sind besonders innovativ in ihren Produkten oder Leistungen. Ein Merkmal, das hier jedoch nicht erwähnt wird, ist, dass die Start-up-Szene in Deutschland fest in männlicher Hand ist. Frauen sind dagegen immer noch unterrepräsentiert.

39% DER MÄNNER

32% DER FRAUEN

KÖNNEN SICH VORSTELLEN SELBST ZU GRÜNDEN

4% WEIBLICH

10% GEMISCHT

86% MÄNNLICH

GEGRÜNDETE START-UPS 2008–2018

Spätestens wenn ein Start-up größere Marketingpläne schmiedet oder regelmäßige Gehälter gezahlt werden sollen, geht die Suche nach geeigneten Investor:innen los. Die Finanzierung durch eine:n Investor:in erfolgt in verschiedenen Runden. In der Regel ist ein Start-up in der ersten Finanzierungsrunde noch jünger und damit weniger wert als in der dritten Runde. Dementsprechend fallen die Investitionssummen anfangs noch zurückhaltender aus. Ein Start-up, das in einer dritten Finanzierungsrunde ist, hat bereits einen gewissen Marktwert und bessere Chancen auf hohe Investitionen. Umso tragischer ist es daher, dass die Erfolgsaussichten für weibliche Start-ups bei fortschreitenden Finanzierungsrunden abnehmen.

DURCHSCHNITTLICHE SUMME ALLER AKQUIRIERTEN INVESTMENTS PRO START-UP

Investoren schätzen den Wert von Start-ups im Schnitt 16-mal höher ein, wenn sie von Männern geführt werden

DIE ERFOLGS-WAHRSCHEINLICHKEIT, EINE:N HAUPTINVESTOR:IN ZU FINDEN

25 %

GERINGER FÜR WEIBLICHE START-UPS

Ca. 78 % der Wohnungslosen sind MÄNNLICH

14 % DER MÄNNER

16 % DER FRAUEN

SIND ARMUTSGEFÄHRDET*

*verdienen unter 60% des Medians des Nettoeinkommens, das sind ca. 1100 Euro.

VON ALTERSARMUT BETROFFENE SENIOR:INNEN

16,4 % FRAUEN

12,7 % MÄNNER

Der Gender-Pension-Gap beträgt in Deutschland

38 %*

*so viel niedriger ist im Schnitt die monatliche Rente der Frauen als die der Männer

MENSCHEN, DIE EIN VERMÖGEN VON MEHR ALS 500.000 EURO HABEN

2 der 25 reichsten MENSCHEN Deutschlands 2021 waren FRAUEN

Eine Frauenquote will wirklich niemand. Die Frauen, die sich mit unschönen Begriffen wie »Quotenfrau« rumschlagen dürfen, genauso wenig wie die Männer, die sich durch eine Quote diskriminiert fühlen – obwohl eigentlich nur Frauen mit gleicher Qualifikation vorgezogen werden würden. Und trotzdem: Seit 2015 gilt eine Frauenquote von 30 % bei allen börsennotierten und paritätisch mitbestimmten Unternehmen. Ganze 105 sind das insgesamt in Deutschland. Und siehe da: Von 21,9 % auf 35,2 % hat die Quote den Frauenanteil in den Aufsichtsräten der betreffenden Unternehmen bis 2021 angehoben. Und das scheint, trotz des jahrelangen Widerstands gegen eine Quote, keines der Unternehmen in den Ruin getrieben zu haben. Unternehmen, die zu freiwilligen Zielvorgaben zur Erhöhung des Frauenanteils angehalten sind, verbleiben dagegen bei schwachen 23 %. Die Quote wirkt also. Sie ist notwendig, damit Männer aufhören müssen, ausschließlich Männer einzustellen, und Frauen in Führungsetagen einen Kulturwandel einläuten können. Trotz dieses positiven Beispiels einer funktionierenden Quote kommen gesetzliche Quoten nach wie vor selten zur Anwendung. Eine Novelle des Gesetzes für eine Frauenquote in der Privatwirtschaft aus dem Jahr 2021 weitet die bisherigen Vorgaben nur minimal aus. Und im Öffentlichen Dienst gilt die Quote ausschließlich für »Gremien, in denen dem Bund mindestens drei Sitze zustehen«. Klingt nicht nach besonders viel Veränderung – und das, obwohl im Öffentlichen Dienst überwiegend Frauen beschäftigt werden. Diese werden aber wohl auch erst einmal in männlicher Hand bleiben. Ebenso wie Führungspositionen in Medizin, Wissenschaft, Medien und Kultur, in denen es gar keine Quote gibt.

POLITIK

PARTEIEN HABEN AUF DIREKTMANDATE UND PARTEIÄMTER EINE QUOTE VON

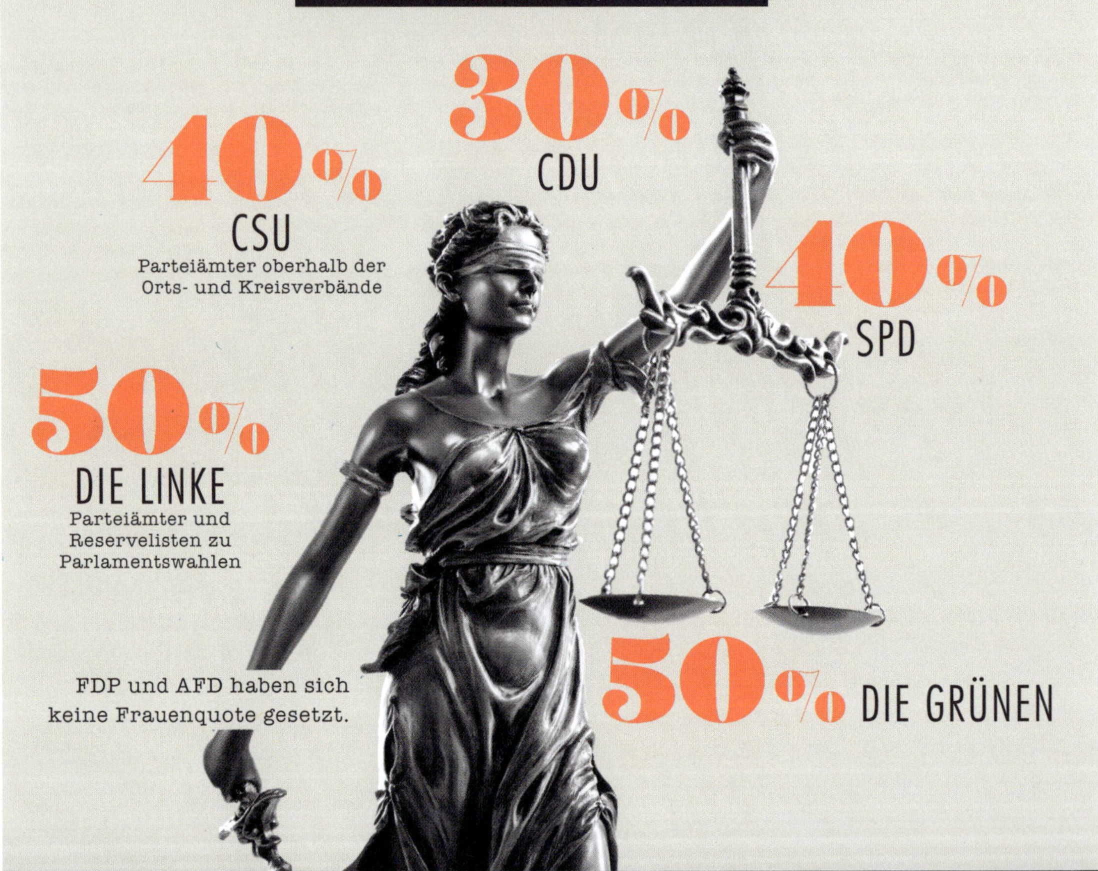

ÖFFENTLICHER DIENST

FRAUENQUOTE NUR AUF NEUBESETZUNGEN FÜR GREMIEN, IN DENEN DEM BUND MINDESTENS DREI SITZE ZUSTEHEN

30 %

WIRTSCHAFT

FRAUENQUOTE NUR FÜR AUFSICHTSRÄTE IN CA. 100 UNTERNEHMEN BEI NEUBESETZUNGEN

30 %

Zusätzlich muss mindestens eine FRAU **im Vorstand sein**

CA. **2000** UNTERNEHMEN SIND ZWAR NICHT ZUR FRAUENQUOTE VERPFLICHTET, MÜSSEN SICH ABER SELBST EINE ZIELVORGABE SETZEN: 78 % WÄHLTEN 2017 DIE NULLQUOTE.

CURIA CONFOEDERATIONIS HELVETICAE

11

Österreich & Die Schweiz

In Österreich findet jede:r Dritte Vergewaltigung irgendwie okay, zumindest, wenn Alkohol im Spiel ist oder die Frau sehr leicht bekleidet. In der Schweiz haben Frauen aus Appenzell Innerrhoden erst 1990 das Wahlrecht erhalten – und das nur auf Beschluss des Bundesgerichts. Obwohl die Gleichberechtigung von Frauen in Deutschland, Österreich und der Schweiz statistisch betrachtet auf einem recht ähnlichen Stand ist, gibt es länderspezifische Unterschiede, mit denen man nicht unbedingt rechnet. Allen Ländern ist jedoch gemein, dass Frauen geringere Löhne erhalten als Männer, dass sie häufiger in Teilzeit arbeiten, aber seltener Führungspositionen einnehmen und am Ende ihres Lebens weniger Rente bekommen. Sie machen auch in allen drei Ländern den Großteil der Alleinerziehenden aus, verwenden aber selbst in Paarbeziehungen wesentlich mehr Zeit auf die Arbeit im Haushalt und in der Kinderbetreuung. Frauen in Deutschland, Österreich und der Schweiz sind außerdem, wie in so ziemlich allen Ländern der Welt, häufiger von sexueller Gewalt und Sexismus betroffen als Männer – und das meistens im Rahmen ihrer Partner- oder Expartnerschaften. In Österreich haben die Zahlen diesbezüglich in den vergangenen Jahren sogar deutlich zugenommen. Die Anzahl der jährlichen Femizide, bei denen die meisten Täter zuvor eine Beziehung mit dem Opfer hatten und dann starke Besitzansprüche zeigten, ist seit 2014 um über 60 Prozent gestiegen. Ein mögliches Indiz für einen antifeministischen Backlash, der in Österreich momentan mit dem Erstarken rechter Parteien in Verbindung gebracht wird. Vor allen Dingen junge österreichische Frauen und Männer berufen sich wieder auf traditionelle Geschlechterrollen, wodurch die Gleichstellung der Geschlechter in immer weitere Ferne rückt. So sehen beispielsweise fast die Hälfte aller Österrreicher:innen unter 45 Jahren arbeitende Mütter kritisch und betrachten ihre Rolle wieder als eine sehr häusliche. Diese Auffassung spiegelt sich auch in der Politik wider: In Österreich erhalten Familien sogar eine Prämie, wenn nur einer der beiden Partner:innen einen Verdienst hat – die sogenannte Alleinverdienerprämie. Damit werden ähnliche negative Anreize für die Frauenerwerbstätigkeit gesetzt wie in Deutschland durch das Ehegattensplitting. Die derzeitige Frauenministerin Susanne Raab scheint das wenig problematisch zu finden. Sie setzt ihren politischen Schwerpunkt stattdessen auf den Kampf gegen das Kopftuch und sagt sogar ganz ausdrücklich von sich, keine Feministin zu sein. Auch Sexismus in der Arbeitswelt habe sie noch nie erlebt.

Die Schweizer:innen hingegen müssen sich zwar nicht über ihre Frauenministerin ärgern, allerdings liegt das wohl daran, dass es in der Schweiz gar keine Frauenministerin gibt. Auch ein zentrales Bundesministerium für Frauen und Familie, wie wir es in Deutschland und Österreich kennen, fehlt. Dort werden politische Angelegenheiten, die Frauen und Familien betreffen, in den einzelnen Kantonen entschieden und nicht auf nationaler Ebene. In manchen Kantonen wurde eine Fachstelle für Gleichberechtigung allerdings komplett abgeschafft oder nie eingerichtet. Das könnte der Grund dafür sein, dass die rechtliche Gleichberechtigung von Frauen und Männern in der Schweiz wie in kaum einem anderen europäischen Land vor sich hinschleicht. Ein historischer Umstand kommt hinzu: Die Schweiz war nicht an den ersten beiden Weltkriegen beteiligt. In anderen europäischen Ländern mussten Frauen als Arbeitskräfte die Männer ersetzen, die in den Krieg gezogen waren. Das hat die Rechte der Frauen in vielen Ländern gestärkt und sich beschleunigend auf die Gleichberechtigung ausgewirkt. Nicht so in der Schweiz: Nach der späten Einführung des Wahlrechts für die Schweizerinnen 1971, trat das Gesetz über die Gleichstellung erst 1996 in Kraft. Die Vergewaltigung in der Ehe wurde ebenfalls erst in den 1990ern strafbar, allerdings immer noch fünf Jahre früher als in Deutschland. In der Schweiz gibt es außerdem trotz jahrelanger Forderungen aus der Bevölkerung kein allgemein gültiges gesetzliches Elternzeitmodell. Frauen steht dort zur Geburt eines Kindes eine Auszeit von 14 Wochen zu, samt eines finanziellen Ausgleiches von 80 Prozent des Gehalts. Männer bekommen dagegen zwei Wochen frei, vier Wochen, wenn sie Angestellte des Bundes sind. Damit bildet die Schweiz in Europa das Schlusslicht in Sachen Elterngeld, dessen Einführung in Deutschland die Vereinbarkeit von Familie und Beruf besonders für Frauen ein großes Stück erleichtert hat.

Obwohl in Deutschland, Österreich und der Schweiz im Hinblick auf die Gleichstellung von Männern und Frauen immer noch einige Hürden genommen werden müssen, bezeichnen sich im deutschsprachigen europäischen Raum so viele Frauen als Feministinnen wie noch nie. Allein in der Schweiz jede Dritte. Das Interesse an frauenpolitischen Themen und die Forderung nach einem gleichberechtigten gesellschaftlichen Leben sind damit fest in der gesellschaftlichen Realität verankert – trotz erstarkender konservativer Strömungen.

GERMANY
AUSTRIA
Gmünd
Retz
Horn
Hollabrunn
Mistelbach
Freistadt
Krems
Tulln
Schärding
Linz
Ried
Traun
Wels
Enns
Melk
St. Pölten
Braunau
Amstetten
Baden
Bruck
Neusiedl
Vöcklabruck
Steyr
Gmunden
Eisenstadt
Wr. Neustadt
Salzburg
Hallein
Liezen
Aspang
Kufstein
Hallstatt
Kapfenberg
Bregenz
Bischofshofen
Leoben
Dornbirn
Hall
Zell am See
Knittelfeld
Weiz
Feldkirch
Innsbruck
Krimml
Tamsweg
Judenburg
Graz
Fürstenfeld
Bludenz
Landeck
Bad Gastein
Voitsberg
Hüttenberg
Spittal
St. Veit
Wolfsberg
Lienz
Klagenfurt
Villach
LJUBLJANA

DER ÖFFENTLICHE RAUM

7 % DER NACH PERSONEN BENANNTEN STRASSENKILOMETER IN WIEN SIND NACH **FRAUEN** BENANNT

64 % DER ÖSTERREICHISCHEN BAHNHÖFE SIND NICHT **BARRIEREFREI**

GEWALT GEGEN FRAUEN

74 % ALLER ÖSTERREICHISCHEN FRAUEN WURDEN SCHON EINMAL SEXUELL BELÄSTIGT

Erst seit **1989** dürfen österreichische **Männer** ihre Ehefrauen nicht mehr **vergewaltigen**, in Deutschland sogar erst seit 1997

Jede fünfte Österreicherin wird mindestens einmal in ihrem Leben Opfer **häuslicher** Gewalt

32 % DER ÖSTERREICHER:INNEN FINDEN VERGEWALTIGUNG UNTER GEWISSEN VORAUSSETZUNGEN, ZUM BEISPIEL UNTER ALKOHOLEINFLUSS ODER BEI FREIZÜGIGER KLEIDUNG, GERECHTFERTIGT

FRAUEN IN DER POLITIK

36 % der **Landtagsabgeordneten** sind **Frauen**

9 % der **Bürgermeister:innen** sind **Frauen**

Mit der Regierung Kurz II lag der **Frauenanteil** an Minister:innen zum ersten Mal in der Geschichte bei **53 %**, **2003** mit der Regierung Schüssel II lag sie noch bei **21 %**

Im Juli 2019 wurde im österreichischen Nationalrat eine Änderung der Klubförderung beschlossen, die mit 1. November 2019 in Kraft trat.

FRAUENANTEIL IM NATIONALRAT **39 %**

Mit dem Klubfinanzierungsgesetz werden die Tätigkeiten der Klubs der wahlwerbenden Parteien im Nationalrat und im Bundesrat erleichtert. 2019 wurde das Gesetz um einen Bonus für einen höheren Frauenanteil in den Klubs ergänzt. Sofern der Frauenanteil einer Partei im Nationalrat bzw. im Bundesrat über 40 Prozent liegt, wird die Summe der Klubfördermittel um drei Prozent erhöht.

KINDER UND FAMILIE

84 % ALLER HAUSHALTE ALLEINERZIEHENDER WERDEN VON FRAUEN GEFÜHRT

In Österreich **gibt es seit 2019** die Gleichgeschlechtliche Ehe

Väter nehmen nur **6 %** der Anspruchstage beim Kinderbetreuungsgeld

Frauen leisten ca. **65 %** der Pflegestunden von Angehörigen

ARBEITEN IN ÖSTERREICH

Anfang **2021** waren **9 %** der Positionen in den Geschäftsführungen und **23 %** der Aufsichtsratsposten bei den **200** umsatzstärksten Unternehmen von **Frauen** besetzt

47 % der **Frauen** und **11 %** der **Männer** arbeiten in Teilzeit

42 % der Österreicherinnen und Österreicher unter **15** sehen arbeitende **Mütter** »kritisch«

GENDER-PAY-GAP **20 %**

UNTERNEHMENSGRÜNDUNG

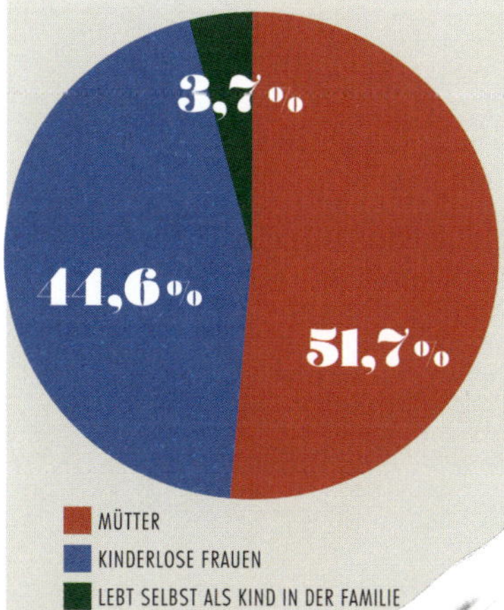

Gender-Pension-Gap 42 %

BESSER SPÄT ALS NIE: GESETZE ZUR GLEICHBERECHTIGUNG IN DER SCHWEIZ

1971 erhalten FRAUEN in der Schweiz das Wahlrecht

AB JULI 2022 DÜRFEN GLEICHGESCHLECHTLICHE PAARE IN DER SCHWEIZ HEIRATEN

SEIT 1996 GELTEN MÄNNER UND FRAUEN IN DER SCHWEIZ GESETZLICH ALS GLEICHGESTELLT

BEZIEHUNG UND FAMILIE

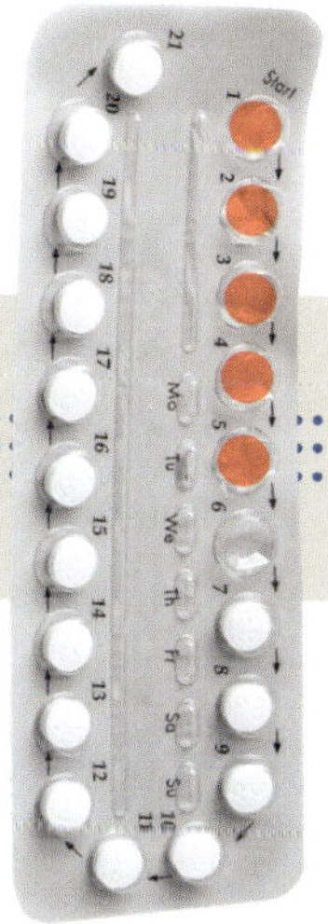

NUR VIER VON ZEHN SCHWEIZERINNEN FINDEN IHR SEXUALLEBEN ZUFRIEDENSTELLEND

31 % DER FRAUEN NEHMEN DIE PILLE. DAS KONDOM IST IN DER SCHWEIZ DAS HÄUFIGSTE VERHÜTUNGSMITTEL

15 % DER MÄNNER IN DER SCHWEIZ LASSEN SICH STERILISIEREN (IN DEUTSCHLAND SIND ES 3 %)

IN DER SCHWEIZ GIBT ES KEIN ELTERNZEIT-MODELL

14 Wochen Mutterschaftsurlaub für FRAUEN **und 14 Tage* Vaterschaftsurlaub für** MÄNNER

*Für Angestellte des Bundes sind es 28 Tage

81 % der **Frauen** geben an, mehr für Haushalt und Familie zu leisten als ihre Partner

Frauen leisten **50 %** mehr Haus- und Familienarbeit als Männer

20 % der **Frauen** können sich eine Trennung vom Partner nicht leisten

ARBEITEN IN DER SCHWEIZ

76% DER FRAUEN SIND ERWERBSTÄTIG

Damit rangiert die Frauenerwerbsquote in der Schweiz im internationalen Vergleich auf Platz 2. Nur in Island sind mehr Frauen erwerbstätig.

59% **der** SCHWEIZERINNEN **arbeiten in Teilzeit**

18% **der** SCHWEIZER **arbeiten in Teilzeit**

51% der **Schweizerinnen** halten ihre Arbeitgeber nicht für familienfreundlich

85% der **Männer** in der Schweiz sind erwerbstätig

Frauen verdienen durchschnittlich ein Fünftel weniger als Männer

DER SCHWEIZER:INNEN HABEN EINE FÜHRUNGSFUNKTION*

*in Unternehmensleitung oder mit Vorgesetztenfunktion

GENDER GAPS IN DER SCHWEIZ

Gender-Pay-Gap: FRAUEN **verdienen 19% weniger**

Gender-Pension-Gap: FRAUEN **erhalten 37% weniger Rente**

GEWALT UND SEXISMUS GEGEN FRAUEN IN DER SCHWEIZ

32 % DER SCHWEIZERINNEN GEBEN AN, SEX OHNE AUSDRÜCKLICHE EINWILLIGUNG GEHABT ZU HABEN

30 % GEBEN AN, MINDESTENS EINMAL OPFER VON SEXUELLER GEWALT GEWORDEN ZU SEIN

55 % DER FRAUEN GEBEN AN, AN IHRER ARBEITSSTELLE SEXUALISIERTE SPRÜCHE UND WITZE ERLEBT ZU HABEN

30 % FÜHLTEN SICH BEREITS EINMAL AUFGRUND IHRES GESCHLECHTS DISKRIMINIERT

ALLE **4 WOCHEN** WIRD EINE SCHWEIZERIN INNERHALB IHRER PARTNERSCHAFT GETÖTET.

88 % DER BESCHULDIGTEN SIND MÄNNER

GLEICHBERECHTIGT LEBEN IN DER SCHWEIZ

Die Schweiz belegt Platz **10** von **156** im Globalen Gender-Gap-Ranking des World Economic Forum

72 % der **Frauen** finden, dass **Männer** in der Schweiz mehr Vorteile genießen

42 % der Abgeordneten im Nationalrat sind **Frauen**

QUELLEN

EINLEITUNG

Beerheide, Rebecca. Ärztinnenstatistik: Ärztinnen gelangen selten in Spitzenpositionen. Deutsches Ärzteblatt International. Volume 114, Number 10 (2017), pp. 597-609.

Hanisch, Carol. Notes for the Second Year: Women's Liberation (1970). Shulamith Firestone und Anne Koedt.

Adichie, Chimamanda Ngozi (9.9.2021). Kanzlerin Angela Merkel: „Ja, ich bin Feministin!“. DW. Abgerufen am 21.2.2022 von http://web.archive.org/web/20220204134728/https://www.dw.com/de/angela-merkel-feministin/a-59131563

Scholz, Olaf (8.3.2021). Twitter. Abgerufen am 21.2.2022 von https://twitter.com/olafscholz/status/1368856599889084417?lang=de

KAPITEL 1: **Beziehung und Vereinbarkeit**

EINLEITUNG

Jutta Allmendinger. Es geht nur gemeinsam! Wie wir endlich Geschlechtergerechtigkeit erreichen. Ullstein (2021).

ONLINE-DATING

Geschlechterverteilung: Paulsen, Nina (11.2.2019). Jeder dritte sucht Liebe im Internet. Bitkom. Abgerufen am 22.11.2021 von https://web.archive.org/web/20210814050618/https://bitkom.org/Presse/Presseinformation/Jeder-dritte-Deutsche-sucht-die-Liebe-im-Internet

Alter: Bruch, Elizabeth et. al. Aspirational pursuit of mates in online dating markets. Science Advances. Volume 4, Number 8 (2018).

Dickpics: Oswald, Flora et. al. I'll Show You Mine so You'll Show Me Yours: Motivations and Personality Variables in Photographic Exhibitionism. The Journal of Sex Research. Volume 57, Number 5 (2020), pp.597-609.

Zaman, Mehak (23.3.2019). Tinder: Facts & Stats About The Most Popular Dating App. Visualistan. Abgerufen am 22.11.2021 von https://web.archive.org/web/20211122194550/https://www.visualistan.com/2019/03/tinder-facts-stats-about-the-most-popular-dating-app-infographic.html

Grafiken: Rudder, Christian. Inside Big Data. Hanser (2016).

ORGASMUSHÄUFIGKEIT

Frederick, David A. et al. Differences in Orgasm Frequency Among Gay, Lesbian, Bisexual, and Heterosexual Men and Women in a U.S. National Sample. Archives of Sexual Behavior. Volume 47, Number 1 (2018), pp.273-288.

MASTURBATION UND SEXSPIELZEUG

Sexspielzeug: Pawlik, V. (5.10.2021). Umfrage in Deutschland zur Nutzung von Sextoys nach Geschlecht bis 2020. statista. Abgerufen am 22.11.2021 von https://web.archive.org/web/20211121150120/https://de.statista.com/statistik/daten/studie/1025779/umfrage/umfrage-in-deutschland-zur-nutzung-von-sextoys-nach-geschlecht/

Beliebtestes Sexspielzeug, Masturbation: Bitternagel, Manuel (15.10.2021) Studie zur Selbstbefriedigung: 71 % der Frauen haben schon mal neben ihrem schlafenden Partner masturbiert. Presseportal. Abgerufen am 22.11.2021 von https://web.archive.org/web/20211122123325/https://www.presseportal.de/pm/106057/4734222

Pawlik, V. (5.10.2021). Findest du es schöner, alleine zu masturbieren oder Sex zu haben? statista. Abgerufen am 22.11.2021 von https://web.archive.org/web/20211122123349/https://de.statista.com/statistik/daten/studie/1025601/umfrage/umfrage-in-deutschland-zur-bevorzugung-von-sex-oder-masturbation-nach-geschlecht/

Pawlik, V. (5.10.2021). Wie oft hast du einen Orgasmus, wenn du masturbierst? statista. Abgerufen am 21.02.2022 von http://web.archive.org/web/20220221172524/https://de.statista.com/statistik/daten/studie/1025645/umfrage/umfrage-in-deutschland-zur-haeufigkeit-des-hoehepunktes-bei-der-masturbation/

Pawlik, V. (7.8.2019). Masturbierst du auch alleine oder masturbiert dein Partner, wenn du in einer Beziehung bist? statista. Abgerufen am 21.02.2022 von http://web.archive.org/web/20211215210830/https://de.statista.com/statistik/daten/studie/1025754/umfrage/umfrage-in-deutschland-zur-selbstbefriedigung-in-der-beziehung/

UNTREUE

Fischbach, Lisa, et al. So liebt Deutschland. ElitePartner (2020).

EHE UND HEIRAT

Antrag: (2021) So heiratet Deutschland. Presseportal. Abgerufen am 7.12.2021 von http://web.archive.org/web/20211207150701/https://www.kartenmacherei.de/hochzeitsstudie/

Haushalt: Samtleben, Claire.Auch an erwerbsfreien Tagen erledigen Frauen einen Großteil der Hausarbeit und Kinderbetreuung. Deutsches Institut für Wirtschaftsforschung e.V. (DIW Berlin) (2019).

Familienname: (19.12.2018). Familiennamen bei der Heirat und Vornamenprognose 2018. Gesellschaft für deutsche Sprache e. V. Abgerufen am 7.12.2021 von http://web.archive.org/web/20211207151643/https://gfds.de/familiennamen-bei-der-heirat-und-vornamenprognose-2018/

Ehe für alle: Eheschließungen nach der Konstellation der Ehe. Statistisches Bundesamt (DeStatis) (2021).

Ablehnung Ehe für alle: Inhoffen, Lisa (23.6.2017). Homo Ehe: Mehrheit der Deutschen für Gleichgeschlechtliche Heirat. YouGov. Abgerufen am 22.11.2021 von https://web.archive.org/web/20211122124102/https://yougov.de/news/2017/06/23/homo-ehe-mehrheit-der-deutschen-fur-gleichgeschlec/

Geld: Prof. Dr. Wippermann, Carsten. Mitten im Leben. BMFSFJ – Bundesministerium für Familie, Senioren, Frauen und Jugend, Berlin (2016).

Steuerklassen: Spangenberg, Ulrike et. al. (2021). Mittelbare Diskriminierung im Lohnsteuerverfahren. Hans Böckler Stiftung. Abgerufen am 22.11.2021 von https://web.archive.org/web/20210410215313/https://www.boeckler.de/de/faust-detail.htm?sync_id=HBS-007819

Rente: Gender Pension Gap. BMFSFJ – Bundesministerium für Familie, Senioren, Frauen und Jugend, Berlin (2012).

Scheidung: Bevölkerung und Erwerbstätigkeit, Statistik der rechtskräftigen Beschlüsse in Eheauflösungssachen (Scheidungsstatistik) und Statistik der Aufhebung von Lebenspartnerschaften, 2015. Statistisches Bundesamt (Destatis) (2018).

KÜCHE

Sterneköch:innen: Alle Sterneköche, alle Länder. Restaurant Ranglisten. Abgerufen am 22.11.2021 von https://web.archive.org/web/20211122130153/https://www.restaurant-ranglisten.de/who-is-who/sternekoeche/deutschland/sterne/1/

Wer kocht: (7.6.2017). Wer kocht denn in Deutschland? Deutsche Gesellschaft für Ernährung. Abgerufen am 22.11.2021 von https://web.archive.org/web/20210417204157/https://www.dge.de/presse/pm/wer-kocht-denn-in-deutschland/

Koch-Kompetenz: Wohlers, Katja et. al. Iss was, Deutschland. TK-Ernährungsstudie (2017).

Kochzeit: Frauen leisteten 50 % mehr Haus- und Familienarbeit als Männer im Jahr 2020 – aber Männer legen zu. Bundesamt für Statistik, Schweiz (2021).

ELTERNGELD

Dr. Juncke, David, et al. Väterreport. Update 2021. BMFSFJ – Bundesministerium für Familie, Senioren, Frauen und Jugend, Berlin (2021).

Dr. Juncke, David, et al. Väterreport. Vater sein in Deutschland heute. BMFSFJ – Bundesministerium für Familie, Senioren, Frauen und Jugend, Berlin (2018).

SORGEARBEIT

Uhr-Grafik: Zweiter Gleichstellungsbericht der Bundesregierung. BMFSFJ – Bundesministerium für Familie, Senioren, Frauen und Jugend, Berlin (2018).

Care-Quote Männer Grafik 2: Zucco, Aline. Große Gender Pay Gaps in einzelnen Berufen hängen stark mit der überproportionalen Entlohnung von langen Arbeitszeiten zusammen. DIW Wochenbericht, Nummer 10 (2019).

Pflege: Kinder, Haushalt, Pflege- wer kümmert sich? BMFSFJ – Bundesministerium für Familie, Senioren, Frauen und Jugend, Berlin (2021).

12 Milliarden: Im Schatten der Profite. Oxfam Deutschland (2020).

Verteilung Hausarbeit/Kochen: Nier, Hedda (8.3.2019). So ungleich ist Hausarbeit verteilt. statista. Abgerufen am 22.11.2021 von https://web.archive.org/web/20210526161711/https://de.statista.com/infografik/15857/verteilung-von-hausarbeit-bei-maennern-und-frauen/

KAPITEL 2: **Medien und Kultur**

GAMING

Gamerinnen: May, Olaf. Die Gaming Trends 2020. Bitkom, Berlin (2020).

Gamesbranche: Prof. Dr. Castendyk, Oliver et al. Die Games-Branche in Deutschland 2018/19/20. HMS Hamburg Media School (2020).

Darstellung von Frauen in Computerspielen: Petit, Carolyn et al. (14.06.2019) Female Representation in Videogames Isn't Getting Any Better. WIRED. Abgerufen 19.7.2021 von https://web.archive.org/web/20211011145901/https://www.wired.com/story/e3-2019-female-representation-videogames/

Sexistische Darstellung: Paulsen, Nina (26.8.2020). Mehrheit kritisiert Frauenbild in Videospielen. Bitkom. Abgerufen am 25.3.2022 von http://web.archive.org/web/20210420033928/https://bitkom.org/Presse/Presseinformation/Mehrheit-kritisiert-Frauenbild-in-Videospielen

SOCIAL MEDIA

Dritter Gleichstellungsbericht der Bundesregierung. BMFSFJ – Bundesministerium für Familie, Senioren, Frauen und Jugend, Berlin (2021).

JOURNALISMUS

TV-Nachrichten: Dorn, Leonie et. al. (2020) Wer erklärt die Welt? Sprechanteile von Frauen und Männern in deutschen TV-Nachrichtensendungen. Gender Equality Media. Abgerufen am 29.11.2021 von http://web.archive.org/web/20201020024141/https://genderequalitymedia.org/wp-content/uploads/2020/04/20200426_Studie_Wer-erkl%C3%A4rt-die-Welt.pdf

Print-Medien: Von Garmissen, Anna et. al. (2019) Welchen Anteil haben Frauen an der publizistischen Macht in Deutschland? Eine Studie zur Geschlechterverteilung in journalistischen Führungspositionen Teil II: Presse und Online-Angebote. ProQuote Medien e.V. Abgerufen am 29.11.2021 von http://web.archive.org/web/20211008082738/https://www.pro-quote.de/wp-content/uploads/2019/11/ProQuote-Studie_print_online_digital-2019.pdf

Frauenanteil in Spiegel- und Bild-Berichten: Schatz, Roland (10.11.2020) Exklusiv: So niedrig ist der Anteil der Frauen in Berichten von Spiegel, Focus, Bild am Sonntag und Welt am Sonntag. kressNEWS. Abgerufen am 23.11.2021 von http://web.archive.org/web/20211123125042/https://kress.de/news/detail/beitrag/146262-exklusiv-so-niedrig-ist-der-anteil-der-frauen-in-berichten-von-spiegel-focus-bild-am-sonntag-und-welt-am-sonntag.html

FILM

Dr. Smith, Stacy L. et al. Inequality in 900 Popular Films: Examining Portrayals of Gender, race/Ethnicity, LGBT, and Disability from 2007–2016. USC Annenberg (2017).

FILM AWARDS

Oscars: Levitt et al. (06.2.2020). Oscars: the 92-year gender gap, visualised. The Guardian. Abgerufen 07.10.2021 von http://web.archive.org/web/20211123145026/https://www.theguardian.com/film/ng-interactive/2020/feb/05/the-oscars-92-year-gender-gap-visualised-academy-awards

Cannes: Wikipedia. (01.10.2021). Internationale Filmfestspiele von Cannes. Abgerufen 07.10.2021 von http://web.archive.org/web/20211123145301/https://de.wikipedia.org/wiki/Internationale_Filmfestspiele_von_Cannes_2021

Wikipedia. (20.7.2021). Internationale Filmfestspiele von Cannes/Bestes Drehbuch. Abgerufen 23.11.2021 von http://web.archive.org/web/20210810220825/https://de.wikipedia.org/wiki/Internationale_Filmfestspiele_von_Cannes/Bestes_Drehbuch

Wikipedia. (20.11.2021). Internationale Filmfestspiele von Cannes/Beste Regie. Abgerufen 23.11.2021 von http://web.archive.org/web/20211119061631/https://de.wikipedia.org/wiki/Internationale_Filmfestspiele_von_Cannes/Beste_Regie

Wikipedia. (8.10.2021). Goldene Palme. Abgerufen 8.11.2021 von http://web.archive.org/web/20211123140845/https://de.wikipedia.org/wiki/Goldene_Palme

MUSIKBRANCHE

Frauenanteil in der Branche und Grammy-Nominierungen: Dr. Smith, Stacy L. et al. Inclusion in the Recording Studio? Gender and Race/Ethnicity of Artists, Songwriters and Producers across 700 popular songs from 2012-2020. USC Annenberg (2021).

Festivals: Facts Survey 2020. female:pressure. Abgerufen am 23.11.2021 von http://web.archive.org/web/20211123144333/https://femalepressure.wordpress.com/

TEXT

Gender Pay Gap Kunst: Frauen in Kultur und Medien. Ein Überblick über aktuelle Tendenzen, Entwicklungen und Lösungsvorschläge. Deutscher Kulturrat (2016).

KAPITEL 3: **Nachhaltigkeit und Konsum**

ERNÄHRUNG

Gute Ernährung/Fleischkonsum: So geteilt is(s)t Deutschland. Nestlé (2019).

Saisonal/Regional/Fleischkonsum täglich: Wohler, Katja et. al. Iss was, Deutschland. Die Techniker (2017).

Vegetarier:innen: Pawlik, V. et. al. (10.11.2021). Umfrage in Deutschland zum Geschlecht der Vegetarier 2021. statista. Abgerufen am 1.12.2021 von http://web.archive.org/web/20210331125211/https://de.statista.com/statistik/daten/studie/745028/umfrage/vegetarier-in-deutschland-nach-geschlecht/

Veganer:innen: Spiller, Achim et. al. Fleischkonsum in Deutschland: Weniger ist mehr. Fleischatlas 2021. Heinrich Böll Stiftung (2021).

Obstkonsum: Mensink, Gert B.M. et. al. Obstkonsum bei Erwachsenen in Deutschland Gert B.M. Journal of health monitoring. RKI (2017)

DROGEN UND SUCHT

Drogen- und Alkoholkonsum: Atzendorf, Josefine et. al. Gebrauch von Alkohol, Tabak, illegalen Drogen und Medikamenten. Dtsch Arztebl International (2019). Volume 116. Number 35-36, pp. 577-584.

Glücksspielverhalten: Banz, M. Glücksspielverhalten und Glücksspielsucht in Deutschland. Ergebnisse des Surveys 2019 und Trends. BZgA-Forschungsbericht. Köln: Bundeszentrale für gesundheitliche Aufklärung (2020).

Computerspiele: Orth, B. et. al. Die Drogenaffinität Jugendlicher in der Bundesrepublik Deutschland 2019. Teilband Computerspiele und Internet. BZgA-Forschungsbericht. Köln: Bundeszentrale für gesundheitliche Aufklärung (2020).

UMWELT UND KLIMA
Klimaschädliche Emissionen/Benzin: Carlsson Kanyama, Annika . Shifting expenditure on food, holidays, and furnishings could lower greenhouse gas emissions by almost 40 %. Journal of Industrial Ecology (2021).

Plastik: Inhoffen, Lisa (22.6.2018). Frauen leben nachhaltiger als Männer. YouGov. Abgerugen am 1.12.2021 von http://web.archive.org/web/20211201161706/https://yougov.de/news/2018/06/22/frauen-leben-nachhaltiger-als-manner/

Bewertung Klimaschutz: Gellrich, Angelika. 25 Jahre Umweltbewusstseinsforschung im Umweltressort Langfristige Entwicklungen und aktuelle Ergebnisse. Umweltbundesamt (2021).

Klimastreikende: Pressemitteilung: Erste Ergebnisse einer internationalen Befragung der Schülerstreiks fürs Klima. TU-Chemnitz (2019).

Umweltbelastung: Zecha, Laurent. Omnibus-Erhebung 2019: Umweltqualität und Umweltverhalten, Unterschiede zwischen Frauen und Männern bei der Wahrnehmung der Umwelt. Bundesamt für Statistik, Schweiz (2019).

Angst Klimawandel: (26.2.2020). Klimawandel macht vielen Deutschen Angst. R und V. Abgerufen am 1.12.2021 von http://web.archive.org/web/20210123011856/https://www.ruv.de/presse/ruv-infocenter/pressemitteilungen/klimawandel

Umweltschützer:innen: Pawlik, V. (22.11.2021). Aktive Umweltschützer in Deutschland nach Geschlechtergruppenverteilung 2021. statista. Abgerufen am 1.12.2021 von http://web.archive.org/web/20210124125718/https://de.statista.com/statistik/daten/studie/993251/umfrage/aktive-umweltschuetzer-in-deutschland-nach-geschlechtergruppenverteilung/

STRASSENVERKEHR
Verkehrsunfälle: Unfälle von Frauen und Männern im Straßenverkehr 2019. Statistisches Bundesamt (Destatis) (2020).

Gefahrene Kilometer: Durchschnittliche Pkw-Fahrleistung 2017 nach Wohnort, Alter und Geschlecht des Versicherungsnehmers. Check24 (2018).

Führerschein: Pawlik, V. (9.2.2021) Umfrage unter Frauen und Männern zum Besitz eines PKW-Führerscheins 2020. Abgerufen am 1.12.2021 von http://web.archive.org/web/20201205031450/https://de.statista.com/statistik/daten/studie/290466/umfrage/umfrage-unter-frauen-und-maennern-zum-besitz-eines-pkw-fuehrerscheins/

Fahreignungsregister: Bestand im Fahreignungsregister (2021). Abgerufen am 1.12.2021 von https://www.kba.de/DE/Statistik/Produktkatalog/produkte/Kraftfahrer/val_uebersicht.html?nn=1146130

Beschleunigung: Statista Research Department (30.9.2009). Umfrage – Beschleunigung und Geschwindigkeit bei einem Pkw nach Geschlecht. statista. Abgerufen am 1.12.2021 von http://web.archive.org/web/20201128212351/https://de.statista.com/statistik/daten/studie/150482/umfrage/meinung-zur-beschleunigung-und-geschwindigkeit-von-pkw-nach-geschlecht/

Punkte in Flensburg: CHECK24-Punktesünder-Analyse Angaben der CHECK24-Kunden im Kfz-Versicherungsvergleich zu »Punkten in Flensburg«. Check24 (2015).

Verletzungswahrscheinlichkeit nach Körperteilen: Eight ways the motor industry is STILL geared against women. Select Car Leasing (3.3.2021). Abgerufen am 1.12.2021 von https://www.selectcarleasing.co.uk/news/article/8-ways-motor-industry-geared-women

Text: Bose. D et. al. Vulnerability of female drivers involved in motor vehicle crashes: an analysis of US population at risk. Am J Public Health (2011). Volume 101, Number 12, pp.2368-2373.

Forman, Jason et. al. Automobile injury trends in the contemporary fleet: Belted occupants in frontal collisions. Traffic Injury Prevention (2019). Volume 20, Number 6, pp. 607-612.

GENDER-MARKETING

an der Heiden, Iris et. al. Preisdifferenzierung nach Geschlecht in Deutschland. Forschungsbericht. Antidiskriminierungsstelle des Bundes (2017).

Meinung Eltern: Kunst, Alexander (6.11.2019). Umfrage unter Eltern zu Einstellungen zu geschlechterspezifischem Spielzeug. statista. Abgerufen am 1.12.2021 von http://web.archive.org/web/20211201150532/https://de.statista.com/prognosen/877392/umfrage-unter-eltern-zu-einstellungen-zu-geschlechterspezifischem-spielzeug

TEXT

Care-Arbeit für den Planeten: Margarete Stokowski (25.06.2019): Warum es so viele Frauen an der Klimafront gibt. Der Spiegel. Abgerufen am 20.02.2022 von http://web.archive.org/web/20210718004244/https://www.spiegel.de/kultur/gesellschaft/klimaschutz-warum-es-so-viele-frauen-an-der-klimafront-gibt-kolumne-a-1274166.

KAPITEL 4: **Politik und Macht**

WAHLRECHT

Wikipedia. (11.07.2021). Universal Suffrage. Abgerufen am 19.07.2021 von https://web.archive.org/web/20211011084225/https://en.wikipedia.org/wiki/Universal_suffrage

BUNDESTAGSABGEORDNETE

Wikipedia. (22.04.2021). Frauenanteil im Deutschen Bundestag seit 1949. Abgerufen am 21.07.2021 von https://web.archive.org/web/20211011084125/https://de.wikipedia.org/wiki/Frauenanteil_im_Deutschen_Bundestag_seit_1949

NEBENEINKÜNFTE VON BUNDESTAGSABGEORDNETEN

Andreoli, Josephine (24.6.2021). Das verdienen Ihre Abgeordneten im Bundestag nebenher. Abgeordnetenwatch.de. Abgerufen am 1.12.2021 von http://web.archive.org/web/20211201151433/https://www.abgeordnetenwatch.de/blog/nebentaetigkeiten/das-verdienen-ihre-abgeordneten-im-bundestag-nebenher

STAATSFÜHRUNG

Frauenanteil in den Landesparlamenten und Landesregierungen: Statista Research Department (5.10.2021). Frauenanteil in den Landesparlamenten in Deutschland 2021. statista. Abgerufen am 1.12.2021 von https://de.statista.com/statistik/daten/studie/741909/umfrage/frauenanteil-in-den-landesparlamenten-in-deutschland/

Frauenanteile kommunale Parlamente, Bundesgericht, Staatssekretärinnen: 4. Atlas zur Gleichstellung von Frauen und Männern in Deutschland. BMFSFJ – Bundesministerium für Familie, Senioren, Frauen und Jugend, Berlin (2020).

Ministerpräsident:innen, Frauenanteil in den Landesregierung: Wikipedia. (30.11.2021). Landesregierung (Deutschland). Abgerufen am 1.12.2021 von http://web.archive.org/web/20211206110200/https://de.wikipedia.org/wiki/Landesregierung_%28Deutschland%29

Frauenanteil kommunalen Parlamenten nach Bevölkerungsdichte: Jacobsen, Lenz (8.3.2021). Immer in Unterzahl. Die Zeit. Abgerufen am 1.12.2021 von https://www.zeit.de/politik/deutschland/2021-03/frauenquote-politik-kommunalparlament-landesparlament-regierung-deutschland

Staatssekretär:innen Bundesebene: Biermann, Kai (8.10.2018). Die Hans Bremse. die Zeit. Abgerufen am 1.12.2021 von https://www.zeit.de/politik/deutschland/2018-09/gleichberechtigung-frauen-diskriminierung-fuehrungspositionen-ministerien

POLITISCHE BETEILIGUNG

Lukoschat, Helga et. al. Parteikulturen und die politische Teilhabe von Frauen. Eine empirische Untersuchung mit Handlungsempfehlungen an die Parteien. eaf (2021).

WAHLVERHALTEN

Bundestagswahl: Hasselbach, Christoph (28.9.2021). Die Bundestagswahlen in Zahlen: Ein geteiltes Land. die Zeit. Abgerufen am 1.12.2021 von http://web.archive.org/web/20211017180422/https://www.dw.com/de/die-bundestagswahl-in-zahlen-ein-geteiltes-land/a-59338459

Brexit: Statista Research Department (5.9.2016). Brexit votes in the United Kingdom by gender 2016. statista. Abgerufen am 1.12.2021 von http://web.archive.org/web/20211201154907/https://www.statista.com/statistics/567922/brexit-votes-by-gender/

Ideologische Selbsteinschätzung: Daniela Krenn. Frauen wählten früher rechter. Studie, in: Katapult. Magazin für Eis, Kartografik und Sozialwissenschaft (2021), Number 21, pp 24.

Sachsen-Anhalt: Statista Research Department (7.6.2021). Wahlverhalten bei der Landtagswahl in Sachsen-Anhalt 2021 nach Geschlecht 2016. statista. Abgerufen am 1.12.2021 von http://web.archive.org/web/20211201155820/https://de.statista.com/statistik/daten/studie/1242036/umfrage/wahlverhalten-landtagswahl-in-sachsen-anhalt-nach-geschlecht/

Sachsen: Bukow, Sebastian. Landtagswahl Sachsen 2019 Ergebnisse und Analysen. böll.brief DEMOKRATIE & GESELLSCHAFT (2019), Number 16.

Thüringen: Landtagswahl in Thüringen am 27. Oktober 2019. Repräsentative Wahlstatistik für Frauen und Männer nach Altersgruppen. Der Landeswahlleiter (2019).

Brandenburg: Statistischer Bericht, Landtagswahl 2019 im Land Brandenburg, Repräsentative Wahlstatistik. statistik Berlin Brandenburg (2019).

EINLEITUNG

Hanisch, Carol. Notes for the Second Year: Women's Liberation (1970). Shulamith Firestone und Anne Koedt.

Adichie, Chimamanda Ngozi (9.9.2021). Kanzlerin Angela Merkel: „Ja, ich bin Feministin!". DW. Abgerufen am 21.2.2022 von http://web.archive.org/web/20220204134728/https://www.dw.com/de/angela-merkel-feministin/a-59131563

Scholz, Olaf (8.3.2021). Twitter. Abgerufen am 21.2.2022 von https://twitter.com/olafscholz/status/1368856599889084417?lang=de

KAPITEL 5: **Bildung und Forschung**

SCHULE

Absolvent:innen/Wiederholer:innen/Sonderpädagogische Förderung/Lehrer:innenquote: Bildung und Kultur, Allgemeinbildende Schulen, Schuljahr 2018/2019. Statistisches Bundesamt (DeStatis) (2019).

Was verdienen Lehrer:innen: (7.3.2021). GEW: »Dringend gesucht: Frauen als Führungskräfte!«. GEW. Abgerufen am 5.12.2021 von http://web.archive.org/web/20211205182657/https://www.gew.de/presse/pressemitteilungen/detailseite/gew-dringend-gesucht-frauen-als-fuehrungskraefte/

Legasthenie: Lutter, Anika (18.4.2019). Legasthenie: Schwäche beim Lesen und Schreiben. lifeline. Abgerufen am 5.12.2021 von http://web.archive.org/web/20210508104737/https://www.lifeline.de/krankheiten/legasthenie-id39919.html

Text: Steele, Jennifer R. et. al. »Math is Hard!« The effect of gender priming on women's attitudes. Journal of Experimental Social Psychology (2006). Volume 42, Number 4, pp. 428–436.

Brains of girls and boys are similar, producing equal math ability (8.11.2019). ScienceDaily. Abgerufen am 5.12.2021 von http://web.archive.org/web/20211205183942/https://www.sciencedaily.com/releases/2019/11/191108074852.htm

LEAKY PIPELINE

Studierende/Absolvent:innen/Promotionen/Wissenschaftliches Personal/Habilitationen/ Professor:innen: Rudnicka, J. (20.10.2021). Frauenanteile an Hochschulen in Deutschland bis 2020. statista. Abgerufen am 10.3.2022 von https://de.statista.com/statistik/daten/studie/249318/umfrage/frauenanteile-an-hochschulen-in-deutschland/

Hochschuldirektor:innen: Bildung und Kultur, Personal an Hochschulen 2020. Statistisches Bundesamt (DeStatis) (2020).

HOCHSCHULE

Beliebteste Studienfächer: Die beliebtesten Studiengänge. Bachelor Studium. Abgerufen am 5.12.2021 von http://web.archive.org/web/20211205185836/https://www.bachelor-studium.net/beliebteste-studiengaenge

Studienanfänger:innen im zeitlichen Verlauf: Ehmann, Annik. (21.10.2019). So viele Frauen wie noch nie. ZeitCampus. Abgerufen am 5.12.2021 von https://www.zeit.de/campus/2019-10/geschlechterverhaeltnis-studiengaenge-frauen-maenner-studium-universitaet

Frauenanteil unter Professor:innen: Mehr Habilitationen von Frauen im Jahr 2020, Frauenanteil gegenüber 2019 um drei Prozentpunkte auf 35 % gestiegen. Statistisches Bundesamt (DeStatis) (2021). Bildung und Kultur, Personal an Hochschulen 2020. Statistisches Bundesamt (DeStatis) (2020).

Frauen in MINT-Fächern: Ehmann, Annik. (21.10.2019). Komm mach Mint, Datentool. komm mach MINT. Abgerufen am 5.12.2021 von http://web.archive.org/web/20210609141541/https://www.komm-mach-mint.de/service/mint-datentool

Frauenanteil bei Studierenden: Tabelle 2.5.21 Studierende und Studienanfänger/-innen im 1. Hochschulsemester nach Fächergruppen, Hochschularten und Geschlecht. Datenportal des BMBF (2019).

Rudnicka, J. (20.10.2021). Frauenanteile an Hochschulen in Deutschland bis 2020. statista. Abgerufen am 5.12.2021 von http://web.archive.org/web/20201202102126/https://de.statista.com/statistik/daten/studie/249318/umfrage/frauenanteile-an-hochschulen-in-deutschland/

Ingenieurwissenschaften: Breitkopf, A. (02.09.2021). Maschinenbau – Anzahl der Studierenden in Deutschland bis zum WS 2020/21. statista. Abgerufen am 6.12.2021 von http://web.archive.org/web/20210624154635/https://de.statista.com/statistik/daten/studie/236214/umfrage/studierendenanzahl-im-maschinenbau-in-deutschland/

Ingenieurwissenschaften im Iran: Wikipedia. (14.11.2021). Women in Iran. Abgerufen am 6.12.2021 von http://web.archive.org/web/20211202132212/https://en.wikipedia.org/wiki/Women_in_Iran

WISSENSCHAFTLICHE AUSZEICHNUNGEN

Nobelpreis: The Nobel Prize. Nobel Prize. Abgerufen am 5.12.2021 von http://web.archive.org/web/20211205185409/https://www.nobelprize.org/prizes/peace/1979/summary/

Fields-Medaille: Fields Medal. International Mathematical Union. Abgerufen am 5.12.2021 von http://web.archive.org/web/20211205185604/https://www.mathunion.org/imu-awards/fields-medal

Fields-Medaille 2022 geht an Maryna Viazovska: Süddeutsche Zeitung. Abgerufen am 6.7.2022 von https://www.sueddeutsche.de/wissen/fields-medaille-maryna-viazovska-zahlentheorie-1.5615218

EINLEITUNG

Dritter Gleichstellungsbericht der Bundesregierung. BMFSFJ – Bundesministerium für Familie, Senioren, Frauen und Jugend, Berlin (2021).

Fox, Charles et al. Gender differences in peer review outcomes and manuscript impact at six journals of ecology and evolution. Ecology and Evolution. Volume 9, Number 6 (2019), pp. 3599-3619.

Carlsson, Magnus et al. Gender Bias in Academic Recruitment? Evidence from a Survey Experiment. European Sociological Review. Volume 37, Number 3 (2021), pp. 399-410.

KAPITEL 6: **Gewalt und Verbrechen**

EINLEITUNG

Partnerschaftsgewalt International: Joni Saeger. Der Frauenatlas. Ungleichheit verstehen. 164 Infografiken und Karten. Carl Hanser (2020).

KRIMINALITÄT

Rechtskräftig verurteilte Personen in Deutschland nach Geschlecht von 2009 bis 2019. Statista. Abgerufen am 3.4.2022 von http://web.archive.org/web/20220109111958/https://de.statista.com/statistik/daten/studie/1068769/umfrage/rechtskraeftig-verurteilte-personen-in-deutschland-nach-geschlecht/

Rudnicka, Rainer (15.6.2021). Gefangene und Verwahrte in JVAs in Deutschland nach Art des Vollzugs 2020. statista. Abgerufen am 7.12.2021 von http://web.archive.org/web/20211207152914/https://de.statista.com/statistik/daten/studie/158317/umfrage/gefangene-und-verwahrte-in-deutschland-nach-art-des-vollzugs/

Polizeiliche Kriminalstatistik Bundesrepublik Deutschland Jahrbuch 2019 Band 3 Tatverdächtige. Bundeskriminalamt (BKA) (2019).

GEWALT IN DER PARTNERSCHAFT

Partnerschaftsgewalt, Kriminalstatistische Auswertung – Berichtsjahr 2020. BKA – Bundeskriminalamt (Hrsg.) (2021).

Mord, Totschlag und Tötung auf Verlangen – Bundesrepublik Deutschland, Polizeiliche Kriminalstatistik (PKS) 2018. BKA – Bundeskriminalamt (Hrsg.) (2019).

DIGITALE GEWALT

Ulferts, Claudia. (5.10.2020). Welt-Mädchenbericht 2020: Digitale Gewalt vertreibt Mädchen und junge Frauen aus den sozialen Medien. PLAN INTERNATIONAL. Abgerufen am 6.12.2021 von http://web.archive.org/web/20211206115345/https://www.plan.de/news/detail/welt-maedchenbericht-2020-digitale-gewalt-vertreibt-maedchen-und-junge-frauen-aus-den-sozialen-medien.html

SEXISMUS

Prof. Dr. Wippermann, Carsten. Sexismus im Alltag Wahrnehmungen und Haltungen der deutschen Bevölkerung. BMFSFJ – Bundesministerium für Familie, Senioren, Frauen und Jugend, Berlin (2020).

GEBURT

Geburten. Bundeszentrale für Politische Bildung (2020).

Kaiserschnittrate 2019: (15.3.2021) Pressemitteilung Nr. N 018: Jede dritte Krankenhausentbindung im Jahr 2019 per Kaiserschnitt. Statistisches Bundesamt (Destatis). Abgerufen am 6.12.2021 von http://web.archive.org/web/20211206130816/https://www.destatis.de/DE/Presse/Pressemitteilungen/2021/03/PD21_N018_231.html;jsessionid=8BCCC57190309FFE502C026BE9FE7F9B.live721

Radtke, Rainer (26.5.2021). Anzahl von Kaiserschnitten und Geburten insgesamt in Deutschland bis 2019. statista. Abgerufen am 6.12.2021 von http://web.archive.org/web/20211206121840/https://de.statista.com/statistik/daten/studie/71897/umfrage/entbindungen-und-entbindungen-per-kaiserschnitt-in-deutschland/

Urinäre Inkontinenz nach Kaiserschnitt: (1.6.2015) Dramatische Zunahme von Kaiserschnitten. Weltgesundheitsorganisation (WHO). Abgerufen am 6.12.2021 von http://web.archive.org/web/20200428193303/http://www.euro.who.int/de/health-topics/Life-stages/sexual-and-reproductive-health/news/news/2015/06/dramatic-increase-in-caesarean-sections

Säuglingssterberate: Säuglingssterblichkeit in Deutschland (1872–2019). Bundesinstitut für Bevölkerungsforschung. Abgerufen am 6.12.2021 von http://web.archive.org/web/20211206131357/https://www.bib.bund.de/DE/Fakten/Fakt/S10-Saeuglingssterblichkeit-ab-1872.html;jsessionid=D0CFF73664CF9F8CB326E6261732B9C8.1_cid380?nn=9754814

Müttersterblichkeit: Müttersterblichkeit in Deutschland (1892–2018). Bundesinstitut für Bevölkerungsforschung. Abgerufen am 6.12.2021 von http://web.archive.org/web/20211206131854/https://www.bib.bund.de/DE/Fakten/Fakt/S43-Muettersterblichkeit-ab-1892.html

Geburtsorte: Zahlenspiegel zur Situation der Hebammen 4/2019 . Deutscher Hebammenverband (DHV) (2019).

Durchschnittsalter bei Geburt des ersten Kindes: Statista Research Department (16.07.2021). Durchschnittliches Alter der Väter bei der Geburt nach Geburtenfolge bis 2020. statista. Abgerufen am 6.12.2021 von http://web.archive.org/web/20210612060201/https://de.statista.com/statistik/daten/studie/1180170/umfrage/durchschnittliches-alter-der-vaeter-bei-der-geburt-nach-geburtenfolge/

Durchschnittliches Alter der Mütter bei Geburt des 1. Kindes in der bestehenden Ehe in Deutschland, West- und Ostdeutschland (1960–2019). Bundesinstitut für Bevölkerungsforschung. Abgerufen am 6.12.2021 von http://web.archive.org/web/20211102071237/https://www.bib.bund.de/DE/Fakten/Fakt/F20-Alter-Muetter-bei-Erstgeburt-Deutschland-West-Ost-ab-1960.html

SCHWANGERSCHAFTSABBRÜCHE

8 Fakten zum Schwangerschaftsabbruch in Deutschland. ProFamilia (2018).

Statista Research Department (28.5.2021). Schwangerschaftsabbrüche in Deutschland bis 2020. statista. Abgerufen am 6.12.2021 von http://web.archive.org/web/20211008173633/https://de.statista.com/statistik/daten/studie/232/umfrage/anzahl-der-schwangerschaftsabbrueche-in-deutschland/

Trisomie: Sachstand Schwangerschaftsabbrüche aufgrund einer Behinderung oder vorgeburtlichen Schädigung des Kindes in Deutschland seit 1996. Deutscher Bundestag, Wissenschaftliche Dienste (2017).

GENDERMEDIZIN

Herzkrankheiten: Männer erkranken häufiger – Frauen sterben öfter daran. DKG – Deutsche Gesellschaft für Kardiologie – Herz und Kreislaufforschung e.V. Abgerufen am 27.3.2022 von http://web.archive.org/web/20220124114405/https://dgk.org/pressemitteilungen/herzkrankheiten-maenner-erkranken-haeufiger-frauen-sterben-oefter-daran/

Herzinfarkttote: Gendermedizin: Frauen überleben schwere Herzinfarkte seltener als Männer. (19.4.2017). DGK – Deutsche Gesellschaft für Kardiologie – Herz und Kreislaufforschung e.V. Abgerufen am 6.12.2021 von http://web.archive.org/web/20200812073454/https://dgk.org/pressemitteilungen/2017-jahrestagung/2017-jt-aktuelle-pm/2017-jt-aktuelle-pm-tag1/gendermedizin-frauen-ueberleben-schwere-herzinfarkte-seltener-als-maenner/

Dauer Erreichen Krankenhaus: Tiefenbacher, Christiane P. (08.3.2021). Herzinfarkt Bei Frauen: Diese Symptome Sollten Sie Kennen! Deutsche Herzstiftung. Abgerufen am 6.12.2021 von http://web.archive.org/web/20211019175212/https://www.herzstiftung.de/infos-zu-herzerkrankungen/herzinfarkt/anzeichen/herzinfarkt-frauen-symptome

Amerikanische Studie: Disparities Identified in Post-Heart Attack Treatment between Women and Men. BCBS – Blue Cross and Blue Shield (2015).

Depressionen: Zahlen und Fakten über Depression. Stiftung Deutsche Depressionshilfe. (2018).

Suizide: Suizide in Deutschland. Statistisches Bundesamt (DeStatis). Abgerufen am 6.12.2021 von http://web.archive.org/web/20211108233231/https://www.destatis.de/DE/Themen/Gesellschaft-Umwelt/Gesundheit/Todesursachen/Tabellen/suizide.html

MEDIZINISCHE FORSCHUNG

Medikamenteneinnahme: Medikamente und Sucht – Zahlen und Fakten. DHS – Deutschen Hauptstelle für Suchtfragen. Abgerufen 6.12.2021 von http://web.archive.org/web/20211206140855/https://www.medikamente-und-sucht.de/presse/zahlen-daten-fakten.html

Zwei Grafiken: Thürmann, Petra A. (2016). Arzneimitteltherapie für Frauen: eine Frage der Emanzipation? Gesundheitspolitisches Kolloquium Bremen. HELIOS Klinikum Wuppertal / Universität Witten/ Herdecke. Abgerufen 6.12.2021 von http://web.archive.org/web/20211206141020/https://www.socium.uni-bremen.de/uploads/Veranstaltungen/GPK/160525_GPK_Thuermann.pdf

Frauenanteil Medikamentenstudien: vfa-Positionspapier Berücksichtigung von Frauen und Männern bei der Arzneimittelforschung (2.2021). Die forschenden Pharma-Unternehmen. Abgerufen am 7.12.2021: https://www.vfa.de/download/positionspapier-beruecksichtigung-von-frauen-und-maennern-bei-der-arzneimittelforschung.pdf-1

Corona: Baden, Lindsey R., et al. Efficacy and safety of the mRNA-1273 SARS-CoV-2 vaccine. New England Journal of Medicine. Volume 384, Number 5 (2021), pp. 403–416.

Allergische Reaktionen: Su, John R et. al. Anaphylaxis after vaccination reported to the Vaccine Adverse Event Reporting System, 1990–2016. The Journal of allergy and clinical immunology. Volume 143,4, (2019), pp. 1465–1473.

Nebenwirkungen Corona-Impfung: Gee, Julianne, et al. First month of COVID-19 vaccine safety monitoring — United States, December 14, 2020-January 13, 2021. Morbidity and Mortality Weekly Report. Volume 70.8, (2021), pp. 283-288.

TOD UND KRANKHEIT

Tote Krankheit: Radtke, Rainer (20.5.2021). Anzahl der Todesfälle in Deutschland nach Todesursachen und Geschlecht 2019. statista. Abgerufen am 6.12.2021 von http://web.archive.org/web/20211206141747/https://de.statista.com/statistik/daten/studie/215791/umfrage/todesfaelle-in-deutschland-nach-todesursachen-und-geschlecht/

Verkehrstote: Destatis - Statistisches Bundesamt. Verkehrsunfälle - Unfälle von Frauen und Männern im Straßenverkehr 2019. (2020).

Drogentote: Prof. Dr. Kraus, Ludwig, et al. Analyse drogeninduzierter Todesfälle. Bundesgesundheitsministerium, (2017).

Arbeitsunfälle: Tödliche Arbeitsunfälle. Statistisches Bundesamt (DeStatis). Abgerufen am 6.12.2021 von http://web.archive.org/web/20211206142244/https://www.destatis.de/DE/Themen/Arbeit/Arbeitsmarkt/Qualitaet-Arbeit/Dimension-1/toedliche-arbeitsunfaelle.html

Beschwerden: (2021). Allgemeiner Gesundheitszustand. BFS - Bundesamt für Statistik. Abgerufen am 08.10.2021 von http://web.archive.org/web/20211106213531/https://www.bfs.admin.ch/bfs/de/home/statistiken/gesundheit/gesundheitszustand/allgemeiner.html

Lebenserwartung: Radtke, Rainer (8.9.2021). Lebenserwartung in Deutschland bei Geburt nach Geschlecht. statista. Abgerufen am 6.12.2021 von http://web.archive.org/web/20211206143429/https://de.statista.com/statistik/daten/studie/273406/umfrage/entwicklung-der-lebenserwartung-bei-geburt--in-deutschland-nach-geschlecht/

KAPITEL 8: **Körper und Geschlecht**

SCHÖNHEITSIDEALE

Zufriedenheit Körper/Druck: Berger-Dinkel, Melanie (2.12.2019). Die Mehrheit der Deutschen fühlt sich im eigenen Körper wohl. YouGov. Abgerufen am 08.10.2021 von https://web.archive.org/web/20210410144928/https://yougov.de/news/2019/11/29/die-mehrheit-der-deutschen-fuhlt-sich-im-eigenen-k/

Diskriminierung: Beigang, Steffen et al. Diskriminierungserfahrungen in Deutschland – Ergebnisse einer Repräsentativ- und einer Betroffenenbefragung. Antidiskriminierungsstelle des Bundes (2017).

Geschlechterverteilung Eingriffe (3/2021). Behandlungsstatistik 2021 Mitgliederbefragung. Vereinigung Der Deutschen Ästhetisch-Plastischen Chirurgen. Abgerufen am 7.12.2021 von https://vdaepc.de/wp-content/uploads/2021/03/250321_VDA%CC%88PC_Behandlungsstatistik_2021.pdf

Maßnahmen Attraktivität: AUSSEHEN UND SCHÖNHEITSOPERATIONEN Eine repräsentative Umfrage unter 1.058 Deutschen zur Zufriedenheit mit ihrem Aussehen und operativen Schönheitsveränderungen. SPLENDID RESEARCH (2016).

ESSSTÖRUNG UND GEWICHT

Übergewicht: Mensink, Gert. Übergewicht und Adipositas in Deutschland: Werden wir immer dicker? DEGS und Robert Koch Institut (RKI) (2012).

Diäterfahrung: Wohlers, Katja et. al. Iss was, Deutschland. TK-Ernährungsstudie (2017).

Zufriedenheit Gewicht/Mädchen: (25.1.2016). Dr.-Sommer-Studie 2016: Die erste Diät mit Elf. Die ersten Selfies im Netz mit Zwölf. Der erste Sex mit 17. Bauer Media Group, BRAVO. Abgerufen am 7.12.2021 von http://web.archive.org/web/20190202142529/https://www.presseportal.de/pm/13440/3233207

Essstörung: Gesundheitliche Lage der Frauen in Deutschland. Gesundheitsberichterstattung des Bundes. Statistisches Bundesamt (Destatis) und Robert Koch Institut (RKI) (2020).

MENSTRUATION

Periodenkosten: Kosten einer durchschnittlichen Frau für die Periode. erdbeerwoche. Abgerufen 6.12.2021 von http://web.archive.org/web/20211206145223/https://erdbeerwoche.com/meine-umwelt/tampon-steuer/

Menstruation/Pubertät: Umfrage zu Menstruation unter Jugendlichen zeigt: Jungs ist das Thema peinlich und Mädchen wissen nicht über ihren Körper Bescheid. Erdbeerwoche. Abgerufen am 7.12.2021 von http://web.archive.org/web/20201028114521/https://menstrualhygieneday.org/wp-content/uploads/2017/07/PA_erdbeerwoche_Umfrage_Menstruation_final.pdf

Menstruationsbeschwerden: erdbeerwoche-Menstruations-Umfrage 2020. erdbeerwoche. Abgerufen 6.12.2021 von http://web.archive.org/web/20211206145539/https://erdbeerwoche.com/erdbeerwoche-menstruations-umfrage/

Gespräche/Kauf Menstruationsprodukte: Menstrual Hygiene Monitor 2019. Splendid Research. Abgerufen am 6.12.2021 von http://web.archive.org/web/20211206145713/https://www.splendid-research.com/de/studie-menstrual-hygiene

Periodensteuer: GLOBAL PERIOD TAX MAP & DATABASE. Period Tax. Abgerufen am 6.12.2021 von http://web.archive.org/web/20210703193048/https://periodtax.org/map.html

VERHÜTUNG

Verteilung Verhütungsmittel: Verhütungsverhalten Erwachsener. Bundeszentrale für gesundheitliche Aufklärung (BzgA) (2018). Familienplanungsrundbrief. profamilia. Abgerufen am 14.12.2021 von http://web.archive.org/web/20211023223216/https://www.profamilia.de//fileadmin/dateien/fachpersonal/familienplanungsrundbrief/fpr2_2011.pdf

Verhütung Kosten: Verhütung. profamilia. Abgerufen am 7.12.2021 von http://web.archive.org/web/20211207163900/https://www.profamilia.de/themen/verhuetung

Nebenwirkungen Pille: Nehmen Sie die falsche Antibabypille? ZAVA. Abgerufen am 21.3.2022 von http://web.archive.org/web/20210421203423/https://www.zavamed.com/de/zava-studie-nehmen-sie-die-falsche-antibabypille.html

Verteilung Verhütungskosten: Prof. Dr. Helfferich, Cornelia et. al. Das Verhütungsverhalten von Sozialleistungsbezieherinnen und der Bedarf an kostenfreier Abgabe von Verhütungsmitteln. Sozialwissenschaftliches Forschungsinstitut zu Geschlechterfragen (SoFFI F.) (2019).

Sterilisation: Wikipedia. (7.11.2021). Sterilisation (Unfruchtbarmachung). Abgerufen am 7.12.2021 von http://web.archive.org/web/20211207173538/https://de.wikipedia.org/wiki/Sterilisation_%28Unfruchtbarmachung%29

Kosten Abtreibung: (17.11.2021). Wie viel kostet mich eine Abtreibung? Profemina. Abgerufen am 7.12.2021 von http://web.archive.org/web/20211207173838/https://www.profemina.org/de-de/abtreibung/kosten-und-krankenkasse-deutschland

Schwangerschaftsabbrüche: (24.3.2021). Zahl der Schwangerschaftsabbrüche im Jahr 2020 leicht zurückgegangen Pressemitteilung Nr. 144 vom Statistischen Bundesamt (DeStatis). Abgerufen am 7.12.2021 von http://web.archive.org/web/20211207173959/https://www.destatis.de/DE/Presse/Pressemitteilungen/2021/03/PD21_144_233.html;jsessionid=DA02311A5C287E724276F4A4E8ABB708.live711

Pille danach: Borsch, Julia (6.08.2018). »Pille danach«: Absatz steigt weiter, der Großteil entfällt auf EllaOne. Deutsche Apotheker Zeitung (DAZ). Abgerufen am 7.12.2021 von http://web.archive.org/web/20211207174326/https://www.deutsche-apotheker-zeitung.de/news/artikel/2018/08/06/pille-danach-absatz-steigt-weiter-der-grossteil-entfaellt-auf-ellaone

LEBEN ALS TRANS* PERSON

Leben als Trans* in der EU, Vergleichende Datenanalyse aus der EU LGBT Erhebung, Zusammenfassung. European Union Agency for Fundamental Rights. (2015).

(2020) Straf- und Gewalttaten im Bereich Hasskriminalität 2019 und 2020. LSVD. Abgerufen am 6.12.2021 von http://web.archive.org/web/20210513121317/https://www.lsvd.de/media/doc/2445/pmk-2020-hasskriminalitaet.pdf

TEXT

Spahn, Jens (13.2.2014) Pille danach nur auf Rezept. Zeit online. Abgerufen am 21.2.2022.https://www.zeit.de/politik/deutsch-land/2014-02/pille-danach-rezeptpflicht-de-batte-bundestag/komplettansicht

KAPITEL 9: **Sport und Fitness**

SPITZENSPORTLER:INNEN

Marathonbestzeiten: Wikipedia. Marathon. Abgerufen am 7.12.2021 von http://web.archive.org/web/20211207175341/https://de.wikipedia.org/wiki/Marathonlauf

Tour de France: Wikipedia. Tour de France 1903. Abgerufen am 7.12.2021 von http://web.archive.org/web/20210502221136/https://de.wikipedia.org/wiki/Tour_de_France_1903

Preisgelder Fußball WM: R., Max Preisgeld für die WM 2018 bekannt gegeben. LSVD (2020). Abgerufen am 7.12.2021 von http://web.archive.org/web/20211207183255/https://fussball-geld.de/preisgeld-fuer-die-wm-2018-bekanntgegeben/

Johnson Hess, Abigail (8.6.2019). The 2019 Women's World Cup prize money is $30 million—7.5 % of the Men's World Cup prize. CNBC. Abgerufen am 7.12.2021 von http://web.archive.org/web/20211207183533/https://www.cnbc.com/2019/06/07/the-2019-womens-world-cup-prize-money-is-30-million.html

Blatter: Women's Football is now more Global (16.7.2011). Fifa. Abgerufen am 6.7.2021 von https://www.fifa.com/tournaments/womens/womensworldcup/germany2011/news/blatter-women-football-now-more-global-1475998

Tennis: Bocksch, René (25.8.2020). Tennisspielerinnen verdienen am meisten, FORBES-RANKING. statista. Abgerufen am 7.12.2021 von http://web.archive.org/web/20211207184647/https://de.statista.com/infografik/15219/die-bestbezahlten-sportlerinnen-der-welt/

The World's Highest-Paid Athletes. Forbes. Abgerufen am 7.12.2021 von http://web.archive.org/web/20211207185123/https://www.forbes.com/athletes/list/

OLYMPIA

Frauen bei den Olympischen Spielen: Nunes, Rita, Women athletes in the Olympic Games. Journal of Human Sport and Exercise. Volume 14 (2019).

Wikipedia. Participation of women in the Olympics. Abgerufen am 7.12.2021 von http://web.archive.org/web/20211207185449/https://en.wikipedia.org/wiki/Participation_of_women_in_the_Olympics

FREIZEITSPORT

Häufigkeit: Pawlik, V. (9.2.2021). Umfrage in Deutschland zur Häufigkeit des Sporttreibens in der Freizeit 2020. statista. Abgerufen am 7.12.2021 von http://web.archive.org/web/20211207190419/https://de.statista.com/statistik/daten/studie/290435/umfrage/umfrage-unter-frauen-zur-haeufigkeit-des-sporttreibens-in-der-freizeit/

Gründe: Warum treiben die Deutschen Sport und welche Motive halten sie davon ab? SPLENDID RESEARCH. Abgerufen am 7.12.2021 von http://web.archive.org/web/20211207191222/https://www.dibdib.de/fileadmin/user_upload/dibdib/Dokumente/studie-sport-august-2017.pdf

Zu Fuß und mit dem Fahrrad unterwegs: Gesundheitliche Lage der Frauen in Deutschland. Gesundheitsberichterstattung des Bundes. Robert Koch-Institut (RKI) und Statistisches Bundesamt (Destatis)(2020).

Berlin Marathon: Ergebnisarchiv. BMW Berlin Marathon. Abgerufen am 7.12.2021 von http://web.archive.org/web/20211207192336/https://www.bmw-berlin-marathon.com/

Triathletinnen: Pretzsch, Torsten (12.7.2019). Trau dich! Warum es viel zu wenig Frauen im Triathlon gibt. ausdauerblog. Abgerufen am 7.12.2021 von http://web.archive.org/web/20211207193030/https://www.ausdauerblog.de/frauen-im-triathlon/

Fußballbund: Zeppenfeld, B. (21.10.2021). Statistiken zu Sportvereinen in Deutschland. statista. Abgerufen am 7.12.2021 von http://web.archive.org/web/20211207193356/https://de.statista.com/themen/2198/sportvereine/

Vorbilder: Weidenbach, Bernhard. (12.11.2021). Vorbilder von Kindern in Deutschland 2020. statista. Abgerufen am 7.12.2021 von http://web.archive.org/web/20211207193747/https://de.statista.com/statistik/daten/studie/1135800/umfrage/art-der-vorbilder-bei-kindern-in-deutschland/

Berichterstattung: Weidenbach, Bernhard (7.7.2021). Für Gleichstellung in der Sportberichterstattung. DOSB. Abgerufen am 7.12.2021 von http://web.archive.org/web/20211207194017/https://www.dosb.de/sonderseiten/news/news-detail/news/fuer-gleichstellung-in-der-sportberichterstattung

TEXT

Bestandserhebung 2018. Fassung vom 1. November 2018. DOSB (2018).

PLOS. Physical activity encouraged more in boys than in girls: Home, school environments may provide less encouragement for girls to be physically active. ScienceDaily (2016).

KAPITEL 10: **Geld und Arbeit**

EINLEITUNG

Beerheide, Rebecca. Ärztinnenstatistik: Ärztinnen gelangen selten in Spitzenpositionen. Deutsches Ärzteblatt International. Volume 114, Number 10 (2017), pp.597-009.

Schinzel, Britta (2004): Kulturunterschiede beim Frauenanteil im Informatikstudium. Abgerufen am 8.4.2022. http://web.archive.org/web/20220318215222/http://mod.iig.uni-freiburg.de/cms/fileadmin/publikationen/online-publikationen/Frauenanteil.Informatik.International.pdf

Frauen in Führungspositionen: Statistisches Bundesamt (DeStatis). Abgerufen am 14.4.2022. http://web.archive.org/web/20220316163324/https://www.desta-tis.de/DE/Themen/Arbeit/Arbeitsmarkt/Qualitaet-Arbeit/Dimension-1/frauen-fueh-rungspositionen.html

GENDER-PAY-GAP

Wirtschaftszweige: Qualität der Arbeit, Gender Pay Gap. Statistisches Bundesamt (Destatis). Abgerufen am 8.12.2021 von http://web.archive.org/web/20211208091202/https://www.destatis.de/DE/Themen/Arbeit/Arbeitsmarkt/Qualitaet-Arbeit/Dimension-1/gender-pay-gap.html

Zeitverlauf: Rudnicka, J. (25.3.2021). Verdienstabstand zwischen Männern und Frauen (Gender Pay Gap) in Deutschland bis 2020. statista. Abgerufen am 8.12.2021 von http://web.archive.org/web/20211108235411/https://de.statista.com/statistik/daten/studie/3261/umfrage/gender-pay-gap-in-deutschland/

Ost/West/Privatwirtschaft/öffentlicher Dienst/Eu-27: Qualität der Arbeit, Gender Pay Gap. Statistisches Bundesamt (Destatis). Abgerufen am 8.12.2021 von http://web.archive.org/web/20211208091202/https://www.destatis.de/DE/Themen/Arbeit/Arbeitsmarkt/Qualitaet-Arbeit/Dimension-1/gender-pay-gap.html

Zinke, Guido (1.11.2020). Geschlechterungleichheiten: Gender Pay Gap. statista. Abgerufen am 8.12.2021 von http://web.archive.org/web/20210628203014/https://www.bpb.de/politik/innenpolitik/arbeitsmarktpolitik/318555/gender-pay-gap

Bereinigter Gap: Statista Research Department (25.3.2021). Bereinigter Gender Pay Gap in Deutschland bis 2018. statista. Abgerufen am 8.12.2021 von http://web.archive.org/web/20211208092148/https://de.statista.com/statistik/daten/studie/1220561/umfrage/bereinigter-gender-pay-gap-in-deutschland/

LOHNARBEIT

Suhr, Frauke (26.2.2020). Beim Job stecken nach wie vor die Mütter zurück. statista. Abgerufen am 16.4.2021 von https://de.statista.com/infografik/20957/anteil-der-in-teilzeit-arbeitenden-muetter-und-vaeter-in-deutschland/

Erwerbstätigkeit und Arbeitslosigkeit: Lebenslagen in Deutschland, Der Sechste Armuts- und Reichtumsbericht der Bundesregierung. Bundesministerium für Arbeit und Soziales (2021).

Teilzeit: Urmersbach, Bruno (25.10.2020). Anteil der Teilzeitbeschäftigung nach Geschlecht in den EU-Ländern im 2. Quartal 2021. statista. Abgerufen am 8.12.2021 von http://web.archive.org/web/20211208093122/https://de.statista.com/statistik/daten/studie/1098738/umfrage/anteil-der-teilzeitbeschaeftigung-in-den-eu-laendern/

Wirtschaftszweige: Statistisches Jahrbuch 2019 – Kapitel 13 Arbeitsmarkt. Statistisches Bundesamt (Destatis) (2019).

PFLEGE UND SOZIALWESEN

Hebammen: Zahlenspiegel zur Situation der Hebammen 4/2019 . Deutscher Hebammenverband (DHV) (2019).

Geburtshelfer gegen Hebammenmangel, Der Mann im Kreißsaal. taz. Abgerufen am 8.12.2021 von http://web.archive.org/web/20211208101121/https://taz.de/Geburtshelfer-gegen-Hebammenmangel/%215658073/

Radtke, Rainer (7.9.2020). Gründe für die Nicht-Aufnahme von Schwangeren in Krankenhäusern 2018. statista. Abgerufen am 8.12.2021 von http://web.archive.org/web/20211208101419/https://de.statista.com/statistik/daten/studie/1169754/umfrage/gruende-fuer-die-nicht-aufnahme-von-schwangeren-in-krankenhaeusern/

Pflegebereich: Statistisches Jahrbuch 2019 – Kapitel 13 Arbeitsmarkt. Statistisches Bundesamt (Destatis) (2019).

Pflege: Siebter Pflegebericht Bericht der Bundesregierung über die Entwicklung der Pflegeversicherung und den Stand der pflegerischen Versorgung in der Bundesrepublik Deutschland Berichtszeitraum: 2016–2019. Bundesministerium für Gesundheit (2021).

TVöD Entgelttabelle Pflege 2021 und 2022: Gehalt für Krankenschwestern und Co. Öffentlicher Dienst News. Abgerufen am 8.12.2021 von http://web.archive.org/web/20211208102431/https://oeffentlicher-dienst-news.de/tvoed-entgelttabelle-pflege-2018-gehalt-krankenschwestern-altenpfleger/

Führungspositionen: Statista Research Department (16.6.2016). Geschlechteranteil in Führungspositionen in der Pflege in Deutschland 2016. statista. Abgerufen am 8.12.2021 von http://web.archive.org/web/20210410141323/https://de.statista.com/statistik/daten/studie/596073/umfrage/geschlechteranteil-in-fuehrungspositionen-in-der-pflege-in-deutschland-nach-sektoren/

Erzieher:innen: (23.9.2021). Erzieherinnen: Personal in Kindertagesbetreuung steigt 2021 um 3,2 % gegenüber Vorjahr. Pressemitteilung Nr. 449 vom 23. September 2021. Statistisches Bundesamt (DeStatis). Abgerufen am 8.12.2021 von http://web.archive.org/web/20211208102652/https://www.destatis.de/DE/Presse/Pressemitteilungen/2021/09/PD21_449_225.html

IT-BRANCHE

Dritter Gleichstellungsbericht der Bundesregierung. BMFSFJ – Bundesministerium für Familie, Senioren, Frauen und Jugend, Berlin (2021).

START-UPS

Nur vier Prozent aller Start-ups in Deutschland werden von Frauen gegründet. BCG – Boston Consulting Group (11.09.2019). Abgerufen 22.07.2021 von https://web.archive.org/web/20211108131058/https://www.bcg.com/de-de/press/09September2019_PM_Diversity_Startups_DE

Hirschfeld, Alexander et al. Female Founders Monitor. Bundesverband Deutsche Startups e.V. (2019).

ARM UND REICH

Reiche/ Armutsgefährdete: Lebenslagen in Deutschland, Der Sechste Armuts- und Reichtumsbericht der Bundesregierung Sechster Armuts- und Reichtumsbericht. Bundesministerium für Arbeit und Soziales (2021).

Armutsgrenzen nach Haushaltsgröße. Wirtschafts- und Sozialwissenschaftliches Institut (WSI). Abgerufen am 8.12.2021 von http://web.archive.org/web/20211106151839/https://www.wsi.de/de/armut-14596-armutsgrenzen-nach-haushaltsgroesse-15197.htm

Reichste Menschen Deutschlands: Statista Research Department (29.11.2021). Liste der reichsten Deutschen weltweit 2021. statista. Abgerufen am 8.12.2021 von http://web.archive.org/web/20211123004959/https://de.statista.com/statistik/daten/studie/162320/umfrage/die-reichsten-deutschen/

Wohnungslose: Lotties, Sarah. Zu Lebenslagen wohnungsloser und von Wohnungslosigkeit bedrohter Menschen in Deutschland – Lebenslagenbericht Berichtsjahr 2019. BAG Wohnungslosenhilfe e.V (2020).

Gender Pension Gap: Dessimirova, Denitza et. al. The gender gap in pensions in the EU. Policy Department for Economic, Scientific and Quality of Life Policies, European Parliament (2019).

Altersarmut: Suhr, Frauke (11.11.2019). Altersarmut: Besonders Frauen sind gefährdet, Armut in Deutschland. statista. Abgerufen am 8.12.2021 von http://web.archive.org/web/20211208104314/https://de.statista.com/infografik/19906/risiko-fuer-altersarmut-in-deutschland-nach-geschlecht/

FRAUENQUOTE

SPD/Grüne/Linke: Louise K. Davidson-Schmich et. al. Stößt die Frauenquote an ihre Grenzen? – Eine Untersuchung der Bundestagswahl 2009. Zeitschrift für Parlamentsfragen (2011).

CSU: CSU-Parteitag stimmt für Frauen-Quote (29.10.2010). DNEWS. Abgerufen am 31.10.2021 von https://web.archive.org/web/20101031192310/http://www.dnews.de/nachrichten/politik/353417/csu-parteitag-stimmt-frauen-quote-.html

CDU: CDU-Kommission bringt Frauenquote auf den Weg (8.7.2020). DNEWS. Abgerufen am 31.10.2021 von http://web.archive.org/web/20211208105734/https://www.dw.com/de/cdu-kommission-bringt-frauenquote-auf-den-weg/a-54090458

Text: Wikipedia. (16.10.2021). Frauenanteil im Deutschen Bundestag seit 1949. Abgerufen am 8.12.2021 von http://web.archive.org/web/20211107203355/https://de.wikipedia.org/wiki/Frauenanteil_im_Deutschen_Bundestag_seit_1949

Öffentlicher Dienst: Mehr Frauen in Führungspositionen in der Privatwirtschaft. BMFSFJ – Bundesministerium für Familie, Senioren, Frauen und Jugend (2.11.2021). Abgerufen am 8.12.2021 von http://web.archive.org/web/20211208110501/https://www.bmfsfj.de/bmfsfj/themen/gleichstellung/frauen-und-arbeitswelt/quote-privatwitschaft/mehr-frauen-in-fuehrungspositionen-in-der-privatwirtschaft-78562

Zweites Führungspositionen-Gesetz – FüPoG II. BMFSFJ – Bundesministerium für Familie, Senioren, Frauen und Jugend (12.08.2021). Abgerufen am 8.12.2021 von http://web.archive.org/web/20211130172544/https://www.bmfsfj.de/bmfsfj/service/gesetze/zweites-fuehrungspositionengesetz-fuepog-2-164226

Wirtschaft: Mehr Frauen in Führungspositionen in der Privatwirtschaft. BMFSFJ – Bundesministerium für Familie, Senioren, Frauen und Jugend (2.11.2021). Abgerufen am 8.12.2021 von http://web.archive.org/web/20211208110501/https://www.bmfsfj.de/bmfsfj/themen/gleichstellung/frauen-und-arbeitswelt/quote-privatwitschaft/mehr-frauen-in-fuehrungspositionen-in-der-privatwirtschaft-78562

Gesetzgebungsverfahren. Bundesministerium für Justiz und Verbraucherschutz (11.8.2021). Abgerufen am 8.12.2021 von http://web.archive.org/web/20210128185009/https://www.bmjv.de/SharedDocs/Gesetzgebungsverfahren/DE/FuepoG.html

Zweites Führungspositionen-Gesetz (FüPoG II) beschlossen (11.6.2021). Abgerufen am 8.12.2021 von http://web.archive.org/web/20211208111820/https://www.jura.cc/rechtstipps/zweites-fuehrungspositionen-gesetz-fuepog-ii-beschlossen/

KAPITEL 11: **ÖSTERREICH UND DIE SCHWEIZ**

EINLEITUNG

Frauenmorde Österreich: Gewalt an Frauen in Österreich. Autonome Österreichische Frauenhäuser. Abgerufen am 20.02.2022 von http://web.archive.org/web/20220219092744/https://www.aoef.at/index.php/zahlen-und-daten

ÖSTERREICH

Straßenkilometer: Straßennamen. Wien Geschichte Wiki. Abgerufen am 8.12.2021 von http://web.archive.org/web/20211208125945/https://www.geschichtewiki.wien.gv.at/Stra%C3%9Fennamen

Gewalt gegen Frauen: Kapella, Olaf et. al. Gewalt in der Familie und im nahen sozialen Umfeld. Österreichisches Institut für Familienforschung an der Universität Wien (2011).

Wieland, Metschurat. Frauen als Opfer von Vergewaltigungen. Diplomarbeiten Agentur (1997).

Zahlen zu Gewalt gegen Frauen. Stadt Wien. Abgerufen am 8.12.2021 von http://web.archive.org/web/20211208132913/https://www.wien.gv.at/menschen/frauen/stichwort/gewalt/zahlen.html

Gender-based violence – Factsheets Austria. European Union. Abgerufen am 8.12.2021 von https://europa.eu/eurobarometer/surveys/detail/2115

Nationalrat: Mohr, Martin (16.11.2021). Frauenanteil im Nationalrat in Österreich bis 2019. statista. Abgerufen am 8.12.2021 von https://de.statista.com/statistik/daten/studie/729461/umfrage/frauenanteil-im-nationalrat-in-oesterreich/

Alleinerziehende: Lebensformen nach Geschlecht und Alter- Jahresdurchschnitt 2020. Statistik Austria. Abgerufen am 8.12.2021 von http://web.archive.org/web/20201114143520/http://www.statistik.at/web_de/statistiken/menschen_und_gesellschaft/bevoelkerung/haushalte_familien_lebensformen/lebensformen/index.html

Kinderbetreuungsgeld: Kinderbetreuungsgeldbezieherinnen und -bezieher nach Geschlecht 2008 bis 2020. Statistik Austria. Abgerufen am 8.12.2021 von http://web.archive.org/web/20211208140512/http://www.statistik.at/web_de/statistiken/menschen_und_gesellschaft/soziales/sozialleistungen_auf_bundesebene/familienleistungen/058447.html

Arbeit: Mohr, Martin (3.9.2020). Teilzeitquote in Österreich nach Geschlecht bis 2020. statista. Abgerufen am 8.12.2021 von http://web.archive.org/web/20211208140706/https://de.statista.com/statistik/daten/studie/821987/umfrage/teilzeitquote-in-oesterreich-nach-geschlecht/

Gender-Statistik. Statistik Austria. Abgerufen am 8.12.2021 von http://web.archive.org/web/20211208140857/http://www.statistik.at/web_de/statistiken/menschen_und_gesellschaft/soziales/gender-statistik/index.html

(28.9.2016). Studie: 42 Prozent der unter 45-Jährigen sehen arbeitende Mütter kritisch. Der Standard. Abgerufen am 8.12.2021 von http://web.archive.org/web/20211208141323/https://www.derstandard.at/consent/tcf/story/2000045049507/42-prozent-der-oesterreicher-unter-45-sehen-arbeitende-muetter-kritisch

Bürgermeister:innen: SORA-Gleichstellungsindex 2021: Je größer die Stadt, desto mehr Frauen in der Politik. Österreichischer Städtebund. Abgerufen am 8.12.2021 von http://web.archive.org/web/20211208141424/https://www.staedtebund.gv.at/services/aktuelles/aktuelles-details/artikel/sora-gleichstellungsindex-2021-je-groesser-die-stadt-desto-mehr-frauen-in-der-politik/

Geschäftsführungen und Aufsichtsratsposten: Mohr, Martin (3.9.2020). Frauenanteil in Führungspositionen in Österreich bis 2021. statista. Abgerufen am 8.12.2021 von http://web.archive.org/web/20211208141615/https://de.statista.com/statistik/daten/studie/328252/umfrage/frauen-in-fuehrungspositionen-in-oesterreich/

Pflege durch Angehörige: Hanzl, Lisa (14.7.2020). Pflege betrifft uns alle – besonders Frauen. Momentum Institut. Abgerufen am 8.12.2021 von http://web.archive.org/web/20210509113258/https://www.momentum-institut.at/news/pflege-betrifft-uns-alle-besonders-frauen+

Gründungen, Start-ups und Studienabschlüsse: Frauen-Fakten, Was Österreichs Frauen leisten. WKO. Abgerufen am 8.12.2021 von http://web.archive.org/web/20211208142318/https://www.wko.at/site/FIW/Wir--ber-uns/Zahlen--Daten--Fakten/frauen-wirtschaft-fakten-2018.pdf

Bahnhöfe: Dialog Schafft Barrierefreiheit an Oberösterreichs Bahnhöfen. Tips Gmunden. Abgerufen am 8.12.2021 von http://web.archive.org/web/20211023163539/https://www.tips.at/nachrichten/gmunden/land-leute/549246-dialog-schafft-barrierefreiheit-an-oberoesterreichs-bahnhoefen

Gender Pension Gap: (8.12.2021). Grüne/Ribo: Gender Pension Gap ist ein Ergebnis der verabsäumten Frauenpolitik der letzten Jahrzehnte. APA-OTS. Abgerufen am 8.12.2021 von http://web.archive.org/web/20210730115905/https://www.ots.at/presseaussendung/OTS_20210730_OTS0096/grueneribo-gender-pension-gap-ist-ein-ergebnis-der-verabsaeumten-frauenpolitik-der-letzten-jahrzehnte

DIE SCHWEIZ

Gleichstellungsgesetz: Das Gleichstellungsgesetz. Eidgenössisches Büro für die Gleichstellung von Frau und Mann. Abgerufen am 8.12.2021 von http://web.archive.org/web/20211208143748/https://www.ebg.admin.ch/ebg/de/home/themen/recht/gleichstellungsgesetz.html

Ehe für alle: Die »Ehe für alle« tritt am 1. Juli 2022 in Kraft. Eidgenössisches Büro für die Gleichstellung von Frau und Mann. Abgerufen am 8.12.2021 von http://web.archive.org/web/20211119222826/https://www.admin.ch/gov/de/start/dokumentation/medienmitteilungen.msg-id-85912.html

Mutterschaftsurlaub: Urlaube für Mütter und Väter. Bundesamt für Sozialversicherungen (BSV). Abgerufen am 8.12.2021 von http://web.archive.org/web/20210507012510/https://www.bsv.admin.ch/bsv/de/home/sozialpolitische-themen/familienpolitik/vereinbarkeit/elternurlaub.html

Vaterschaftsurlaub: Vaterschaftsurlaub / Änderung des Erwerbsersatzgesetzes (EO). Bundesamt für Sozialversicherungen (BSV). Abgerufen am 8.12.2021 von http://web.archive.org/web/20211208144452/https://www.bsv.admin.ch/bsv/de/home/sozialversicherungen/eo-msv/reformen-und-revisionen/eo-vaterschaftsurlaub-200927.html

Hausarbeit: Unbezahlte Arbeit im Jahr 2020 Frauen leisteten 50 % mehr Haus- und Familienarbeit als Männer im Jahr 2020 – aber Männer legen zu. Bundesamt für Statistik (BFS, 25.5.2021). Abgerufen am 8.12.2021 von http://web.archive.org/web/20211208144913/https://www.bfs.admin.ch/bfs/de/home/statistiken/arbeit-erwerb/erhebungen/sake/publikationen-ergebnisse.assetdetail.17124476.html

Meinungsbefragung: Bosshard, Cyril et. al. Frauen in der Schweiz, Die grosse Frauenbefragung. Sotomo und annabelle (2021).

Verhütung: Schweizerische Gesundheitsbefragung 1992–2017: Verhütung in der Schweiz. Bundesamt für Statistik (BFS). Abgerufen am 8.12.2021 von http://web.archive.org/web/20211208145434/https://www.bfs.admin.ch/bfs/de/home/aktuell/neue-veroeffentlichungen.gnpdetail.2021-0248.html

Erwerbsquote/Führungskräfte: Schweizerische Arbeitskräfteerhebung (SAKE) Erwerbsbeteiligung der Frauen 2010–2019. Bundesamt für Statistik (BFS) (2020)

Teilzeit: Statista Research Department. Teilzeitquote in der Schweiz nach Geschlecht bis 2020. statista. Abgerufen am 26.3.2021 von http://web.archive.org/web/20211208145900/https://de.statista.com/statistik/daten/studie/817971/umfrage/teilzeitquote-in-der-schweiz-nach-geschlecht/

Löhne: Lohnunterschied. Bundesamt für Statistik (BFS). Abgerufen am 8.12.2021 von https://www.bfs.admin.ch/bfs/de/home/statistiken/arbeit-erwerb/loehne-erwerbseinkommen-arbeitskosten/lohnniveau-schweiz/lohnunterschied.html

Pension Gap: Fluder, Robert et. al. Das Rentengefälle zwischen Frauen und Männern. Bundesamt für Sozialversicherungen (BSV) (2016).

Gewalt: Demos 1/2021 – Frauen. Bundesamt für Statistik (BFS, 10.6.2021). Abgerufen am 8.12.2021 von http://web.archive.org/web/20211208150822/https://www.bfs.admin.ch/bfs/de/home/aktuell/neue-veroeffentlichungen.gnpdetail.2021-0172.html

Politik: Frauen und Wahlen. Bundesamt für Statistik (BFS, 10.6.2021). Abgerufen am 8.12.2021 von http://web.archive.org/save/https://www.bfs.admin.ch/bfs/de/home/statistiken/politik/wahlen/frauen.html

WEF-Ranking: Crotti, Robert et. al. Global Gender Gap Report 2021. World Economic Forum Centre for the New Economy and Society (2021).

BILDER:

https://stock.adobe.com/
https://www.rawpixel.com/
https://unsplash.com/
https://pixabay.com/

Billie Jean King: picture alliance / AP / Anthony Camerano

Kathrine Swietzer: Boston Herald

Alle Links und Quellen finden Sie auch ganz bequem online unter www.dtv.de/feministiken:

MIX
Papier aus verantwortungsvollen Quellen
FSC® C021956

Originalausgabe 2022

Umschlaggestaltung: Ruth Botzenhardt | buxdesign, München
Umschlagmotive: akg-images; Everett Collection / Trismegist san / shutterstock.com
Grafiken im Innenteil: Lydia Wessels
Satz: www.zweiband.de
Druck und Bindung: Litotipografia Alcione S. r. l.
Printed in Italy · ISBN 978-3-423-35191-1